- PATISSERIE -

ORIGINE KOBE

DEPUIS 2015

pâtisserie mont plus	SHUHEI HAYASHI
patisserie AKITO	AKITO TANAKA
COMPARTIR VALOR	TATSUYA ONISHI
PÂTISSERIE étonné	SEIJI TADA
L'AVENUE	SHIGEO HIRAI
ma biche	HIROSHI MURATA
pâtisserie Agricole	YOSHIKATSU OKUDA
L'atelier de Massa	MASATSUGU UEDA

神戸を愛するパティシエの仲間たち
ORIGINE KOBE 誕生ストーリー
(オリジン　コウベ)

ロゴは、パティシエにとって欠かせない製菓道具「フエ（泡立て器）」を上から見た様子を表現している。波紋が広がっていくように、「ORIGINE KOBE」の活動内容が全国へ、そして世界へと広がっていくように、という想いが込められている。

神戸と洋菓子の長い歴史

神戸で洋菓子が作られるようになったのは、古くは神戸港が開港した後の明治時代にさかのぼると言われている。しかしそれはあくまでも当時の外国人居住者に向けたもので、日本人向けに洋菓子が販売されるようになったのは、大正時代。外国船航路で修業した日本人や、ロシア、ドイツなどヨーロッパからこの街に訪れ、定住した外国人らによって、この街での本格的な洋菓子作りが始まった。

それ以来、現在にいたるまで、神戸は"洋菓子の街"として成長を遂げてきた。

中でも、昭和・高度経済成長期には百貨店など流通業の成長にともなって、多数の神戸発の洋菓子ブランドが全国区へと広がっていった。また平成・バブル期には、フランスをはじめとする本場ヨーロッパで菓子作りを学んだパティシエたちが帰国し、ホテル等でその腕を振るった後に、独立開業をする時代を迎える。これにより、クオリティにこだわった個性あふれる個人店が続々と登場した。

そんな100年以上にわたる洋菓子の歴史と文化を育んだ神戸の街で、2015年4月4日、誕生したのが「ORIGINE KOBE」だ。

ORIGINE KOBEの誕生

それは2014年、パリでのこと。大西達也シェフは、並みいる世界の強豪を退け、ルレ・デセール主催『シャルル・プルースト杯』の本戦に出場し、見事優勝を手にしていた。その際に現地でアテンドしていたのが、製菓材料などを輸入する日仏商事株式会社のパリ駐在員・筒井アントニだ。祝賀の杯を傾けながらふたりが語り合ったのは、"神戸でもフランスのようにパティシエが集って何かおもしろい事ができないだろうか？"ということ。実際、フランスではパティシエたちが地域や世代ごとに集まって連携し、菓子の文化を広めたり、社会活動をしたり、また互いにレシピを公開して講習会を行い、新しい技術や情報を共有したりとさまざまな活動を行っている。お菓子の街神戸でこそ、そうした活動が必要なのではないか？

大西シェフは帰国後、さっそく神戸の製菓業界で長年の実績と幅広い人脈を持つ「モンプリュ」林周平シェフにその想いを伝えた。近年、もっと神戸の洋菓子界に活気を与える必要があると感じていた林シェフは、即座にその意見に賛同。さっそく、周囲の親交のあるパティシエたちに声かけを始めた。

同じころ、パリ駐在から日仏商事本社のある神戸に

帰国した筒井もその輪に加わり、少しずつ賛同者が現れ始めた。元来、神戸ではパティシエ同士の交流も多く、菓子や店造りについての議論も盛んに行われていた。そんな中、個々の持てる力を結集し、グループで活動することで「パティスリーの街 神戸」の魅力をさらに高め、盛り上げたい…そんな想いがつのり、「パティスリー モンプリュ」林シェフ、「コンパルティール ヴァロール」大西シェフを筆頭に、「パティスリー アキト」田中哲人シェフ、「パティスリー エトネ」多田征二シェフ、「ラヴニュー」平井茂雄シェフ、「アグリコール」奥田義勝シェフ、「ラトリエ・ドゥ・マッサ」上田真嗣シェフの7店舗が参加を表明。また会のマネジメントには日仏商事株式会社・筒井が、対外的な折衝や広報はスイーツコーディネーターとして活躍する松本由紀子が参画し、2015年4月、ORIGINE KOBEが誕生した。さらに、2017年にはあらたに「モンプリュ」から独立した「マビッシュ」村田博シェフが加わり、8店舗がそろった。

持続可能なパティスリーの未来へ

ORIGINE KOBEの主な活動内容は、製菓業界向けの講習会や、一般客向けのイベント、料理教室の開催、百貨店などのクリスマスやヴァレンタイン等のコラボ商品の企画・製造で、8人のメンバー全員で参加することを基本としている。また、季節ごとのテーマに沿って共通の素材でお菓子を作る「神戸パティスリーコレクション」を春夏・秋冬の年2シーズン展開中だ。この本は、発足から6年目を迎えた2020年、これまで8人のパティシエたちが持てる知識と、技術と、感性で作り上げてきたスペシャリテの中から、各自が8品ずつ厳選した合計64のレシピをご紹介。テーマからのイメージの膨らませ方、素材からの発想の転換、素材どうしのマリアージュ、そして配合の妙、ガトーのデザインまで、8人8様のスペシャリテの作り方が垣間見える、非常に興味深い1冊となった。また、神戸という街で同業者であり、それぞれがオーナーシェフであるという立場で集まった8人が、どのような考えと関係性を持ってこのコミュニティを営んでいるのかについても、巻末のクロストークに綴られている。私たちの活動が、これからの神戸における洋菓子文化の継承はもちろん、持続可能なパティスリーのあり方の一例として参考になれば、これほど喜ばしいことはないと思う。

ORIGINE KOBE 一同

INDEX

2015SS エレガンス
Élégance
シャンパン / ローズ
フランボワーズ

ローズ独特の風味、フランボワーズ
が作るフェミニンなタッチ、繊細なシ
ャンパンが優雅なムードを演出。

2016SS ピクニック
Pique-nique
フロマージュ
キャラメル / ハーブ

ほろ苦いキャラメル、上質なフロマー
ジュ、爽やかなハーブを重ねて生ま
れる新しいフレーバー。

2017SS セーヌ
Scènes
タイベリー
トロピカルフルーツ / 紅茶

"森"のタイベリー、"海"に似合うト
ロピカルフルーツ、"街"の"紅茶"。さ
まざまなシーンをガトーに込めて。

KOBE PÂTISSERIE COLLECTION 2015-2020

2015AW エサンス
Essence
バニラ / ノワゼット / アグリューム
甘く奥行きのあるバニラ、芳しいノワ
ゼット、爽やかなアグリュームが共演。
"凝縮された雫"をイメージ。

2016AW アクソン
Accent
チョコレート / 塩 / セミコンフィ
口溶けのよいチョコレートに塩とセ
ミコンフィの刺激を加えて。単調な
毎日に刺激をもたらす"アクセント"。

2017AW カシュカシュ
Cache Cache
マロン / ピスタチオ / イチジク
濃厚な風味のマロンとピスタチオ、み
ずみずしいイチジク。殻に閉じこもった
香り、風味、楽しさを見つけ出します。

2018SS コンシスタンス
Consistance
生地

パータ・サブレ、パータ・ブリゼ、パータ・シュクレ…。さまざまな味わい、食感を生み出す「生地」に着目。

2019SS ニュアージュ
Nuages
ふわふわ

フランス語には存在しない「ふわふわ」という擬音語。日本独特の表現をテーマに挑戦。

2020SS メール
Mer
海

神戸を象徴する海の風景から、形、素材、香り…と自由にイマジネーションを広げて仕上げた作品。

8人のパティシエが春夏(Spring & Summer)、秋冬(Autumn & Winter)の年2回、共通のテーマのもとに発表するコレクション

2019AW クラックモン
Craquement
ザクザク

フランスで好まれる「ザクザク」と歯切れのよいお菓子。感性の赴くままに、それぞれのザクザク感を表現。

2018AW オンクチューズ
Onctueuse
クレーム

さまざまなテクスチャーや香りを加えることで多彩なバリエーションを表現できる「クレーム」に注目。

2020AW モンターニュ
Montagne
山

海と山に囲まれた神戸の街。「山」をキーワードにクリエイティブの扉を全開。シェフの個性が際立ちます。

pâtisserie mont plus
SHUHEI HAYASHI

メレンゲの魔術師、神戸の"ムッシュー"
<small>親方</small>

"メレンゲの魔術師"との異名を持ち、神戸、そして
フランス菓子をこよなく愛する林周平シェフ。"フラ
ンスの昭和"をイメージしたというクラシカルな趣
の空間で、時代の風潮に迎合することなく、フラン
スのエスプリの詰まった菓子をその文化とともに発
信し続けている。パティシエとしてのキャリアのみ
ならず、他人を惹きつけるカリスマ性とユーモアを
兼ね備え、人望が厚く、常に旗振り役を担う存在。
オリジンコウベに関しても、年長者としてメンバーの
意見をまとめ、最終決断をくだすのが自分の役割だ
と自負。「メンバーは愉快な仲間であり、刺激しあえ
る関係。進化は必要だが、突っ走らずゆっくりと大
切に育てていきたい」と語っている。

受賞歴
1992年 渡仏中にフランス菓子協会より銅メダル授与
1994年 「フランス食材を使ったプロのための
　　　　全国洋菓子コンクール」ファイナリスト。
1996年 「フランス食材を使ったプロのための
　　　　全国洋菓子コンクール」ドゥミ・ファイナリスト。
1996年 「大阪国際グルメフェア」大阪府知事賞。
1999年 「西日本洋菓子コンテスト」金賞。
1999年 テレビ東京「TVチャンピオン」出演。
2000年 「第7回クープ・ド・モンド国内選考会」
　　　　ファイナリスト。
2002年 「第8回クープ・ド・モンド国内選考会」
　　　　ファイナリスト銅メダル。
2003年 神戸市から神戸市優勝技能者に選ばれる。

【パティスリー・モンプリュ】林周平
1965年香川県生まれ。「東洋ホテル」に勤務後、渡仏。ホテル
「ニッコー・ド・パリ」「ジャン・ミエ」で修行。帰国後、「シーサイド
ホテル舞子ビラ」や「御影高杉」の製菓長を経て、2005年に
独立。神戸・元町に「パティスリー・モンプリュ」をオープン。

著書
「国産・さぬきの小麦粉と出会って生まれた
とびきりのフランス菓子」(旭屋出版MOOK)
「ケーキの深い味わいモンプリュのフランス菓子
monter su plus haut du ciel」(旭屋出版MOOK)

Ingrédients. Comment faire [φ55×h40mmセルクル 72個分]

a. ビスキュイ・ドゥ・サヴォワ

[600×400mm天板2枚 約72個分]

アーモンドプードル	219g	卵白・・・・・・・・・	438g
強力粉・・・・・・・・	292g	グラニュー糖B・・	54.8g
卵黄・・・・・・・・	292g	グラニュー糖C	109.5g
グラニュー糖A・・	292g	粉糖・・・・・・・・・	適量

1. アーモンドプードルと強力粉を一緒にふるう。

2. 卵黄をほぐし、グラニュー糖Aを加え泡立てる。

3. 冷やした卵白にグラニュー糖Bを加え泡立てる。

4. グラニュー糖Cを③に加えさらに泡立てる。

5. ④に②を加えてゆっくりと混ぜる。

6. ⑤が80%ぐらい混ざったら①を5～6回に分けて加え混ぜる。

7. 絞り袋に入れた⑥を、シートを敷いた天板に絞り、粉糖をふる。5分おいてもう一度粉糖をふる。

8. 180～190℃のオーブンで15～20分焼き上げる。

b. ジュレ・ドゥ・フランボワーズ

[20g 72個分]

フランボワーズピューレ		板ゼラチン・・・・・	17.6g
・・・・・・・・・・・・	800g	砕いたフランボワーズ	240g
グロゼイユピューレ	160g	フランボワーズブランデー	
グラニュー糖・・・	240g	・・・・・・・・・・・・	100g

1. 2種のピューレとグラニュー糖を銅鍋に入れ軽く沸かす。

2. 戻したゼラチンを①に加え、裏漉しする。

3. 20℃以下に冷やして砕いた冷凍フランボワーズとブランデーを②に加えよく混ぜる。

4. ③をφ45mmのセルクルに流し込み冷凍する。

c. シロ・ア・ラ・ローズ

[6g 72個分]

ボーメ30°のシロップ	300g	水・・・・・・・・・・・	60g
ローズウォーター・・・・	15g	ローズリキュール・・・・	45g
ローズシロップ・・・・・・	30g		

1. ボウルにすべての材料を入れてよく混ぜ合わせる。

d. クラックラン・ア・ラ・フランボワーズ

[72個分]

16割アーモンドダイス		粉糖・・・・・・・・・・・	160g
・・・・・・・・・・・・	400g	赤色素・・・・・・・・・・	適量
フランボワーズピューレ			
・・・・・・・・・・・・	200g		

1. 材料をすべて混ぜ合わせ、シートを敷いた天板に広げる。

2. 80℃のオーブンで60分、風力4で焼く。パレットでひっくり返し、さらに120分焼く。

3. ②をふるいにかけてばらし、さらに150分焼く。

4. ③を再度ふるいにかけてばらし、さらに180分焼く。

e. ムース・オ・シャンパーニュ

[72個分]

生クリーム(35%)	1728g	グラニュー糖B・・	192g
ジュレデセール・・	132g	シャンパンA・・・・	222g
グラニュー糖A・・・・	84g	シャンパンB 378g(126g)	
卵黄・・・・・・・・・	222g	マール酒・・・・・・・・	60g

1. 生クリームを軽く泡立てておく。

2. シャンパンでクレーム・アングレーズを炊く。まず卵黄とグラニュー糖Bをボウルに入れよくすり混ぜておく。

3. 鍋で80℃まで温めておいたシャンパンAを②のボウルに加える。混ざったら鍋に戻す。

4. ③を再度80～85℃まで加熱し、合わせておいたジュレデセールと、グラニュー糖Aを一度に加えて泡立て器でよく混ぜ、裏漉しする。

5. ④を40℃まで冷やす。378gから126gに煮詰めたシャンパンBとマール酒を加え、さらに30℃まで冷やす。

6. ①と⑤を合わせる。

Montage　　　　　　　　　　　　　　　　　《デコール》金箔、粉糖 各適量

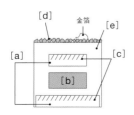

1. OPPシートを敷いた天板にφ55×h40mmのセルクルを並べ、[e]のムースを半分まで絞る。

2. [a]のビスキュイをφ45mmのセルクルで抜き、[c]シロップを1/4ぐらいしみ込ませる。

3. ②と[b]ジュレを重ねて①に押し込み、[e]ムースを少し絞る。

4. [a]のビスキュイをφ45mmのセルクルで抜き、焼き目ではない面に[c]シロップを生地の1/4程度しみ込ませる。

5. ④の焼き目の面を上にし、③のセルクルにふたをするように被せる。

6. ⑤をセルクルから抜き、[d]、粉糖、金箔を飾る。

Élégance

| 2015SS エレガンス |

Rose de la Trinité
三位一体のバラ

"シャンパンをいかに感じさせるか"に注力。僅かに加える
マール酒が、シャンパンの香りを底上げする影の立役者に。
ローズはウォーター、シロップ、リキュールと3種を合わせ、
リキュールでキレよくローズアロマの余韻をのばすことで、
木苺の酸味とのエレガントなハーモニーを生む。

Essence
| 2015AW エサンス |

Art de noisette sans sucre
無糖ノワゼットの仕業

糖度を調整できる自家製無糖ナッツペーストを作っており、2種類のノワゼットペーストを使用することで香味を重層的に表現。サクッと儚く香ばしいシュクセが食感と味の幅を広げ、グレープフルーツの苦みと酸味がアクセントに。バニラとシナモンの甘やかな香りが全体を纏めあげる。

Ingrédients, Comment faire [φ55×h40mmセルクル 50個分]

a.ビスキュイ・オ・ショコラ
[600×400mm天板1枚 約50個分]

ローマジパン	178g	グラニュー糖A	28g
粉糖	118g	グラニュー糖B	59g
全卵	85g	コーンスターチ	102g
卵黄	165g	ココアパウダー	50g
卵白	177g	バター	57g

1. ボウルに粉糖、ローマジパンを入れ、全卵と卵黄を合わせたものを半量加え撹拌する。

2. ローマジパンのダマがなくなり均一になったら全卵と卵黄の残り半量を加えて泡立てる。

3. ムラング・オルディネールを作る。

※ ムラング・オルディネールの作り方
ボウルに入れて冷やしておいた卵白とグラニュー糖Aを泡立てる。さらにグラニュー糖Bを加えてよく泡立てる。ボリュームが出てしなやかになったらでき上がり。

4. ②に③を加えてエキュモワールでゆっくりと混ぜる。

5. コーンスターチとココアを④に4~5回に分けて加え混ぜる。

6. ⑤に溶かしバターを2~3回に分けて加え混ぜ合わせる。

7. 天板にベーキングシートを敷き、⑥を流し込み平らにする。

8. 180~190℃のオーブンで15~20分焼く。

b. コンフィチュール・ドゥ・パンプルムゥス　　［100個分］

グレープフルーツルビーA	350g	グラニュー糖B ･･･	53g
グラニュー糖A ･･･	53g	グレープフルーツルビーB	176g
ペクチン ･････････	3.5g		

1. グレープフルーツルビーAに数ヵ所穴を開け、お湯の中に入れ、20分ほど茹でる。

2. お湯を変え、①を2回繰り返す。

3. ②のグレープフルーツをスライスして、細かく刻む。

4. ③とグラニュー糖Aを鍋に入れ軽く火を入れる。

5. あらかじめ合わせておいたペクチンとグラニュー糖Bを④に加える。

6. ⑤にグレープフルーツルビーBを一度に加え、糖度計が62%になるまで煮詰める。

c. フォン・ドゥ・プログレ　　［100個分］

16割アーモンドダイス 30g		セイロンシナモンパウダー	
アーモンドプードル ･･	54g	･･･････････････	7.5g
グラニュー糖A ･･	129g	卵白･･･････････	129g
		グラニュー糖B ･･･	33g
		グラニュー糖C ･･･	99g

1. アーモンドダイスを160℃のオーブンで15〜20分、キツネ色になるまで焼く。

2. アーモンドプードル、グラニュー糖A、シナモンをよく混ぜておく。

3. 卵白にグラニュー糖Bを加え泡立てる。グラニュー糖Cを少しずつ加えながらさらに泡立てる。

4. ③に②を少しずつ加え混ぜ合わせる。

5. 7mmの口金をつけた絞り袋に④を入れ、シートを敷いた天板の上にφ5cmずつ絞る。

6. 150℃のオーブンで90分焼く。

d. シロ・ドゥ・コワントロー　　［2.5g 68個分］

ボーメ30°のシロップ 100g		コンセントレ・コワントロー 30g	
水･････････････	40g	バニラエッセンス ･････	1g

1. ボウルにすべての材料を入れてよく混ぜ合わせる。

e. ムース・プラリネ・ア・ラ・キャネル　　［68個分］

卵白･･･････････	204g	ノワゼットペースト	420g
グラニュー糖A ･･･	34g	セイロンシナモンパウダー	
乾燥卵白･･･････	8.2g	･･･････････････	34g
グラニュー糖B(119℃)		牛乳･･･････････	428.4g
･･･････････････	278.8g	バニラのさや ･････	1.7b
水･････････････	68g	卵黄･･･････････	244.8g
バター ･･･････････	1306g	グラニュー糖C ･･	367.2g
プラリネノワゼットペースト			
･･･････････････	260g		

1. 卵白、グラニュー糖A・B、乾燥卵白、水でイタリアンメレンゲを作る。
（P.014「基本のイタリアンメレンゲ 作り方」参照）

2. めん棒で叩いたバターにプラリネノワゼットペースト、ノワゼットペーストを加えてよく混ぜ、シナモンパウダーを加える。

3. クレーム・アングレーズを作る。まずは卵黄とグラニュー糖Cをボウルに入れよくすり混ぜる。

4. 鍋で牛乳とバニラを軽く温める。

5. ③のボウルに④を注ぐ。混ざったら鍋に戻し、80〜85℃になるまで弱火で加熱する。

6. ⑤を25℃まで冷まし、5〜6回に分けて②に加え混ぜる。さらに①のメレンゲを20〜25℃に冷ましてから加え混ぜ合わせる。

Montage

《デコール》ノワゼット 2粒、ココアパウダー、チョコレート 各適量

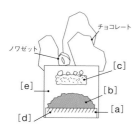

1. OPPシートを敷いた天板にφ55×h40mmのセルクルを並べ、[e]をセルクルの半分まで絞る。

2. [c]フォン・ドゥ・プログレを①に押し込む。

3. ②に少し[e]のムースを絞り、[b]パンプルムゥスを入れる。

4. [d]のシロップを[a]ビスキュイの1/4程度しみ込ませ、φ45mmのセルクルで抜き、シロップ面を内側にし③に入れ、平らにする。

5. ④をひっくり返して表面にココアパウダーをふったあと、セルクルから抜き、ノワゼットとチョコレートを飾る。

Ingrédients, Comment faire [φ55×h40mmセルクル 48個分]

a. フォン・ドゥ・ダックワーズ　　　[φ45mm 48個分]

アーモンドプードル　108g	グラニュー糖A ……6g
粉糖…………………72g	グラニュー糖B …30g
卵白…………156g	

1. アーモンドプードルと粉糖を合わせて冷蔵庫で冷やしておく。
2. 卵白、グラニュー糖A、グラニュー糖Bでムラング・オルディネールを作る。
（作り方P.012ビスキュイ・オ・ショコラの③参照）
3. ②に①を5～6回に分けて加え、エキュモワールでゆっくりと混ぜる。
4. 8mmの丸口金をつけた絞り袋に③を入れ、ベーキングシートを敷いた天板にφ45mmに絞る。
5. 粉糖をふって180～190℃のオーブンで8～10分焼く。

b. ヌガー　　　[600g使用 76個分]

水あめ…………125g	16割アーモンドダイス
グラニュー糖 ……1250g	…………500g

1. 銅ボウルに水あめとグラニュー糖を入れ、火にかける。
2. しっかりと色がついたら火を止め、アーモンドを加えてよく混ぜる。
3. ベーキングシートを敷いた天板に②を素早く流し入れ、さらにベーキングシートをかぶせた上から、めん棒で1～2mmの厚さに伸ばし、1～2mm大に刻む。

〈 基本のイタリアンメレンゲ 作り方 〉

1. 冷やしておいた卵白を軽く泡立てる。
2. 乾燥卵白とグラニュー糖Aを合わせたものを①に加え、さらに泡立てる。（乾燥卵白を使わない場合もある。）
3. 鍋に入れたグラニュー糖Bと水を117℃に煮詰めてシロップを作る。
4. ③を泡立てたムラングに注ぎ込む。しっかりと固さが出るまで泡立てればでき上がり。

c. ムース・フロマージュ　　　[50g 76個分]

バター…………1440g	卵白…………180g
卵黄…………480g	乾燥卵白………18g
ボーメ30°のシロップ	グラニュー糖A ……30g
…………244.8g	グラニュー糖B …108g
ピエ・ダングロワ　420g	グラニュー糖C …222g
サン・タンドレ ……420g	ヌガー…………600g
バニラエッセンス……6g	水…………102g

1. グラニュー糖Bを銅鍋に入れてキャラメルを作る。さらにグラニュー糖Cと水を入れてよく混ぜ119℃まで煮詰める。
2. グラニュー糖A、卵白、乾燥卵白、①のキャラメルででムラング・イタリエンヌ・キャラメルを作る。
（左下「基本のイタリアンメレンゲ 作り方」参照 / ③のシロップをキャラメルに置き換える）
3. ②をトレーに軽く平らに広げ、20～25℃になるまで冷蔵庫で冷ます。
4. めん棒で叩いた冷たいバターをボウルに入れてポマード状にし、卵黄とボーメ30°のシロップで作ったパータ・ボンブ（作り方P.019ムース・オ・プラリネの①参照）に加え、混ぜ合わせる。
5. 裏漉ししたピエ・ダングロワとサン・タンドレ、④を合わせ、バニラエッセンスを加える。
6. ②と⑤、ヌガーを合わせて混ぜる。

d. バヴァロワーズ・シャルトリューズ　　　[15g 155個分]

牛乳…………357g	板ゼラチン ……29.4g
卵黄…………420g	シャルトリューズ …357g
グラニュー糖 ……140g	生クリーム(35%) 1260g

1. 牛乳、卵黄、グラニュー糖でクレーム・アングレーズを作り（P.013 ムース・プラリネ・ア・ラ・キャネルの③～⑤参照 /バニラ不使用）、戻した板ゼラチンを加えてすぐに冷ます。
2. ①が17～18℃になったらシャルトリューズを加え、15℃まで冷やす。
3. ②と軽く泡立てた生クリームと合わせ、φ45mmのセルクルに15g流し込み冷凍する。

Montage　　　　　　　　　　　　　　　　　　《デコール》粉糖 適量

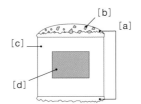

1. OPPシートを敷いた天板にφ55×h40mmのセルクルを並べる。
2. ①のセルクルの大きさに抜いた[a]ダックワーズの焼き目を下にして①にセットする。
3. [c]のムースを②の半分まで絞り、[d]バヴァロワーズを真ん中に押し込み、さらに[c]をセルクルの上まで絞り、パレットで平らにする。
4. ①のセルクルの大きさに抜いた[a]ダックワーズの焼き目を上にして④に置く。
5. 粉糖をふり、[b]ヌガーを飾る。

Pique-nique

| 2016SS ピクニック |

Harmonie rafraîchissante d'herbes et de fromage

ハーブとチーズの爽やかなハーモニー

自分の好きなチーズ2種を使い、重厚なチーズにしっかりと合わせるようバターベースのムースに。チーズと相性のよい薬草系リキュール、シャリュトリューズのハーブのような爽やかな香りが後味をスッと引き締める。オープン以来チーズケーキは1種のみなので、久々の新作誕生となる。

Scènes

| 2017SS セーヌ |

Gateau teint aux Tayberries
タイベリー色に染まるガトー

紅茶はパッションフルーツに合わせ、果実味あふれるフリュイルージュ
ティーをセレクト。クリームは紅茶の香味を活かすようしっかりとアン
フュゼする。ボルドー色が映えるタイベリーのシロップをビスキュイに
染み込ませて巻くという面白いスタイルで、視覚的効果も狙う。

Ingrédients. Comment faire [47個分]

a. ビスキュイ・ジョコンド

[600×400mm天板2枚 側面・底用各47個分]

アーモンドプードル	336g	薄力粉	44g
粉糖	336g	強力粉	44g
全卵	484g	バター	88g
卵白	264g		

1. ミキサーボウルに全卵、アーモンドプードル、粉糖を入れて泡立てていく。

2. 卵白をミキサーに入れ手早く泡立てて、強いムラングを作る。(水溶化した冷えた卵白を使うことでやわらかく、気泡量の多いムラングになる。)

3. ②に①を一度に流し、エキュモワールでゆっくりと混ぜる。

4. あらかじめ合わせておいた薄力粉、強力粉を少しずつ③に加える。

5. 溶かしたバターを④に入れ混ぜる。

6. シートを敷いた天板に⑤を流し入れ、210～230℃のオーブンで15～20分焼く。

7. ⑥の半分は側面用に165×40mm角にカットし、もう半分は底用にφ40mmの型で抜いておく。

b. クレーム・オ・テ

[15g 47個分]

生クリーム(35%)	472.5g	卵黄	117g
フリュイ・ルージュの紅茶葉		グラニュー糖	189g
	31.5g	板ゼラチン	6.3g

1. 生クリームを沸かし、火を止めてフリュイ・ルージュティーの茶葉を入れ、ふたをして10分間アンフュゼする。

2. しっかりと漉した①を鍋に入れ、262.5gになるよう計量する。不足分があった場合は生クリームを足して火にかける。

3. ②の卵黄、グラニュー糖、②の紅茶クリームでクレーム・アングレーズを作る。(作り方P.013 ムース・プラリネ・ア・ラ・キャネルの③～⑤参照/④を紅茶クリームに置き換える)

4. ③にゼラチンを加え混ぜ溶かし、裏漉ししてすぐに冷凍庫で15℃になるまで冷やす。

c. シロ・ドゥ・アンビベ

[11g 47個分]

ボイセンベリージュース		フランボワーズリキュール	
	300g		30g
ポーメ30°のシロップ	90g	フランボワーズピューレ	110g

1. すべての材料をよく混ぜ合わせる。

d. ムラング・フリュイ・ドゥ・ラ・パッション

[47個分]

卵白	120g	パッションピューレ	44.8g
グラニュー糖	200g	ジュレデセール	4.4g
水	22.4g	黄色素	0.8g

1. 卵白、グラニュー糖、水、パッションピューレでイタリアンメレンゲを作る。(P.014「基本のイタリアンメレンゲ 作り方」参照/③のグラニュー糖をピューレに置き換える)

2. ジュレデセールと黄色素を①に加えてよく混ぜる。

e. バヴァロワーズ・フリュイ・ドゥ・ラ・パッション

[18g 47個分]

卵白	64.8g	バニラのさや	4/10b
乾燥卵白	6.5g	卵黄	101.5g
グラニュー糖A	10.8g	グラニュー糖C	41g
グラニュー糖B	108g	板ゼラチン	9.5g
パッションピューレA	43.2g	パッションリキュール	60.5g
パッションピューレB	216g	生クリーム(35%)	254.9g

1. 卵白、乾燥卵白、グラニュー糖A・B、パッションピューレAでイタリアンメレンゲを作る。(P.014「基本のイタリアンメレンゲ 作り方」参照/③でピューレを加える)

2. ①を冷蔵庫で冷やす。

3. 卵黄、グラニュー糖C、バニラ、パッションピューレBでクレーム・アングレーズを作る。(作り方P.013 ムース・プラリネ・ア・ラ・キャネルの③～⑤参照/④の牛乳をピューレに置き換える)

4. 戻したゼラチンを③に加え、18℃になったらパッションリキュールを加える。

5. 軽く泡立てた生クリームと①を合わせてから④に加え混ぜ合わせる。

Montage

《デコール》フランボワーズ 適量

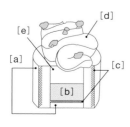

1. OPPシートを敷いた天板にφ55×h40mmのセルクルを並べる。

2. 165×40mm角にカットした[a]ビスキュイに[c]のシロップをしみ込ませ、①のセルクルの内側に巻く。

3. φ40mmの型で抜いた[a]に[c]をしみ込ませ、①のセルクルの底にセットする。

4. [b]のクレームを③の半分まで流し込み、[e]をふちいっぱいまで流し入れる。

5. ④をショックフリーザーで冷やして固まったら、[d]をサントノーレの口金で18g絞る。

6. フランボワーズを小さくちぎって飾る。

| pâtisserie mont plus | SHUHEI HAYASHI |

Onctueuse

| 2018AW オンクチューズ |

Présence de riches pralines
濃厚なプラリネの存在感

プラリネのムースは、キャラメルとノワゼットが互いのよさを引きたてあう香り高きクリーム。バターベースなので分離しやすく扱いにくいが、それもこれもこのおいしさのためなら許せる！と自負するほど。シュクセ生地のザクザク感には匠の技が凝縮。各層の固さの強弱を楽しんで。

Ingrédients, Comment faire [55×55mm角 60個分]

a. フォン・ドゥ・プレジドン
[570×370mm天板2枚 60個分]

卵白	600g	アーモンドプードル	300g
グラニュー糖A	80g	グラニュー糖C	1140g
グラニュー糖B	120g	バニラシュガー	6g
スキムミルク	50g		

1. 卵白とグラニュー糖Aを合わせて泡立て、グラニュー糖Bを加えてさらに泡立てる。
2. スキムミルク、アーモンドプードル、グラニュー糖C、バニラシュガーを少しずつ混ぜ合わせる。
3. ベーキングシートを敷いた天板に②の生地を流し入れ、10mm厚さ用のラクレット・パスカルで均す。
4. ③をオーブンに入れ、130℃で20分焼く。表面が固まったら150℃で15分焼く。（表面に薄く色がつき、中は濃いキャラメル色になるまで焼く。）

b. ビスキュイ・ジョコンド

[600×400mm天板3枚 約60個分]

アーモンドプードル	504g	薄力粉	66g
粉糖	504g	強力粉	66g
全卵	726g	バター	132g
卵白	396g		

※ 作り方はP.017参照

c. アーマンド キャラメリーゼ

[570×370mm天板1枚 60個分]

スライスアーモンド	1000g	水	220g
グラニュー糖	280g		

1. スライスアーモンドを160℃のオーブンで10〜19分、軽く焼く。

2. 水とグラニュー糖を鍋に入れて沸騰させてから冷やし、①と混ぜ合わせる。

3. ベーキングシートを敷いた天板全体に②を広げて160〜170℃のオーブンで約25〜30分焼く。途中で4〜5回上下をひっくり返し、香ばしく焼き上げる。

d. ピストレ・ショコラ・オ・レ

[60個分]

ミルクチョコレート(40%)		カカオバター	400g
	600g		

1. 刻んだチョコレートとカカオバターを湯煎にかけ、35〜40℃で溶かす。
   (ピストレがけする際、35〜40℃に保っておく。)
※ 多めの分量作ることで温度を保つことができる
   (この場合は60個分)

e. ムース・オ・プラリネ [570×370mm天板1枚 60個分]

卵黄	240g	卵白	240g
グラニュー糖A	50g	乾燥卵白	24g
水A	22g	グラニュー糖B	36g
バター	720g	グラニュー糖C	420g
プラリネ・ノワゼットペースト		水B	138g
	300g	水C	140g

1. パータポンプを作る。

※ パータポンプの作り方

　1. グラニュー糖A、水Aを鍋に入れ、中火で117℃まで加熱する。

　2. ボウルに入れた卵黄を白っぽくなるまでホイッパーで十分にほぐす。

　3. ①を②に少しずつ注いでよく混ぜる。

　4. 湯煎にかけて65℃に温め3分間加熱する。

　5. ミキサーボウルに裏漉ししながら④を入れ、高速で回して一気に冷ます。

2. キャラメルを作る。まずグラニュー糖Cと水Bを鍋に入れる。混ぜながら赤茶色になるまで焦がし、すぐに水Cを入れて再び117℃に加熱する。

3. グラニュー糖B、卵白、乾燥卵白、②のキャラメルでムラング・イタリエンヌ・キャラメルを作る。(P.014「基本のイタリアンメレンゲ 作り方」参照/③のシロップをキャラメルに置き換える)

4. ③をバットに伸ばし、冷蔵庫で25℃まで冷ます。

5. めん棒で叩いた冷たいバターをボウルに入れてポマード状にし、①を加えて混ぜる。

6. ⑤にノワゼットペーストを加えて混ぜる。

7. ④を10〜12回に分けて⑥に加えて木べらで混ぜ合わせる。

8. でき上がりのムースを5つに分ける。
   (1990g÷5＝398g)

Montage

《デコール》粉糖 適量

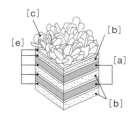

1. [b]ビスキュイの焼き目を上にしてセットし、上から[e]ムースを平口金で絞って均す。

2. [d]ピストレを、冷ましておいた[a]フォン・ドゥ・プレジドン全体にピストレがけする。

3. ②を①に重ね、さらに上から[e]ムース・オ・プラリネを平口金で絞る。

4. ③をもう一度繰り返し、最後は[b]ビスキュイ、[e]ムースの順に重ねて、55×55mm角にカットする。

5. [c]アーマンド キャラメリーゼを飾り、粉糖をふる。

| pâtisserie mont plus | SHUHEI HAYASHI |

Craquement

| 2019AW クラックモン |

Deux textures et après goût d'abricot
2つの食感とアプリコットの余韻

ベースはミルクチョコながら、みずみずしいアプリコットを感じさせる
バタームースとジュレ。ムースにはたっぷりとリキュールが入っている
ため口どけがよく、清々しく華やかな香りの余韻が長く続く。サブレと
メレンゲで、2種の重厚感の異なるザクザク食感を表現。

Ingrédients, Comment faire [φ55×h40mmセルクル 58個分]

a. プログレ・ノワゼット　　　[φ45mm 約140個分]

卵白	200g	水	40g
グラニュー糖A	25g	粉糖	90g
グラニュー糖B	150g	ヘーゼルナッツプードル	90g

1. 卵白、グラニュー糖A・B、水でメレンゲを作る。
（P.014「基本のイタリアンメレンゲ 作り方」参照／
③で120℃まで煮詰める）

2. ①をミキサーからおろし、あらかじめ合わせておいた
粉糖とヘーゼルナッツ・プードルを少しずつ加えなが
ら混ぜる。

3. 8mmの丸口金をつけた絞り袋に②を入れ、シート
を敷いた天板にφ45mmの大きさに絞る。

4. オーブンに入れ、100℃で30分、130℃で30分焼く。

b. アプリコット・クーリー　　　[27g 約58個分]

アプリコット・ピューレ ‥‥‥‥‥‥1000g	アプリコット・リキュール　50g
粉糖‥‥‥‥‥　500g	レモン果汁 ‥‥‥‥ 20g
	板ゼラチン ‥‥‥‥ 25g

1. 鍋にアプリコット・ピューレ、粉糖、レモン果汁を混ぜ合わせ、軽く沸かし、戻した板ゼラチンを加えて溶かし混ぜる。

2. ①が15℃になったらリキュールを加える。

3. φ40mmの型に流し込み、冷凍して固める。

c. チョコレートとカソナードのサブレ　　　[70個分]

バター ‥‥‥‥‥ 220g	薄力粉 ‥‥‥‥‥ 110g
キャソナード ‥‥‥ 220g	全粒粉 ‥‥‥‥‥ 110g
グラニュー糖 ‥‥‥ 220g	アーモンドプードル 166g
バニラシュガー ‥‥‥ 30g	

1. バターをめん棒で叩いてやわらかくし、ミキサーに入れてゆっくりとまわす。

2. ①にグラニュー糖、キャソナード、バニラシュガーを加えて混ぜる。

3. あらかじめ合わせておいた薄力粉、全粒粉、アーモンドプードルを②に加え、混ぜ合わせる。

4. ③を素早くふるいにかけてばらし、冷凍庫で冷やしておく。

5. 使う都度に160〜170℃のオーブンで15〜20分焼く。

d. ショコラ・クランブル　　　[70個分]

グラニュー糖 ‥‥‥ 180g	ヘーゼルナッツプードル ‥‥‥‥‥‥ 228g
バター ‥‥‥‥‥ 180g	
薄力粉 ‥‥‥‥‥ 180g	スーペル・グアヤキル (64%)
ベーキングパウダー ‥ 2.5g	‥‥‥‥‥‥ 78g

1. 粉類とグラニュー糖、バターを混ぜ合わせ、30℃に溶かしたスーペル・グアヤキルを加えて混ぜる。

2. 8mm角の網で裏漉しして冷凍する。

3. 使う都度に160〜170℃のオーブンで15〜20分焼く。

e. ショコラ・オ・レとアプリコットのバタームース
[約70個分]

卵白‥‥‥‥‥ 270g	卵黄 ‥‥‥‥‥ 72g
グラニュー糖A　45g	ボーメ30°のシロップ　48g
乾燥卵白 ‥‥‥ 27g	レ・エクストラ (37%) 440g
グラニュー糖B ‥ 540g	アプリコット・リキュール ‥‥‥‥‥‥ 200g
アプリコット・ピューレ 180g	
レモン果皮 ‥‥‥ 4p	レモン果汁 ‥‥‥ 40g
グラニュー糖C ‥‥ 45g	バニラエッセンス ‥‥‥‥4g
バター ‥‥‥‥ 558g	

1. 卵黄とボーメ30°のシロップでパータ・ボンブを作る。（作り方 P.019 ムース・オ・プラリネの①参照）

2. グラニュー糖A・Bとアプリコット・ピューレ、卵白と乾燥卵白でアプリコットのメレンゲを作る。（P.014「基本のイタリアンメレンゲ 作り方」参照 / グラニュー糖Bは②で使用。③のシロップをピューレに置き換える）

3. ②をバットに伸ばし冷蔵庫で25℃まで冷ます。

4. めん棒で叩いた冷たいバターをボウルに入れてポマード状にし、レモン果皮とグラニュー糖Cを加え、さらに①を加えて混ぜる。

5. リキュールを8〜10回に分けて④に加え、レモン果汁、バニラエッセンスを7〜8回に分けて加える。

6. ⑤に50℃で溶かしたレ・エクストラを30℃に下げてから2回に分けて加え、さらに③を8〜10回に分けて加え、木べらで混ぜ合わせる。

Montage

《デコール》粉糖 適量

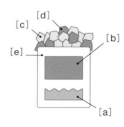

1. OPPシートを敷いた天板にφ55×h40mmのセルクルを並べ、[e] バタームースをセルクルの半分まで絞る。

2. [b] アプリコット・クーリーを①の真ん中に押し込む。

3. ②に少し [e] バタームースを絞り、[a] プログレ・ノワゼットでふたをする。

4. [c] サブレと [d] クランブルを③にのせ、粉糖をふる。

Mer

| 2020SS メール |

Magie rafraîchissante du pamplemousse rose
ピンクグレープフルーツの爽やかな魔法

ゆがいてほぐしたピンクグレープフルーツの房が水面に揺らめく斬新なビジュアルは、まさに夏のイメージにぴったり。グレープフルーツとパイナップルのみずみずしい酸味を、ホワイトラムのシャープなキレとハーブの爽やかな香りで引き締め、さっぱりとろけるようなテクスチャーに。

a. ビスキュイ・エルブ・ドゥ・プロヴァンス

［600×400mm天板1枚 60個分］

ローマジパン ‥‥ 147g	卵白‥‥‥‥‥ 151g
純粉糖‥‥‥‥‥ 151g	グラニュー糖 ‥‥ 23g
全卵‥‥‥‥‥‥ 69g	緑色素 ‥‥‥‥20滴
卵黄‥‥‥‥‥ 132g	薄力粉‥‥‥‥ 42g
タイム・ロリエ・バジリック・	コーンスターチ ‥‥ 82g
サリエット ‥‥‥‥5g	バター ‥‥‥‥ 48g
オリーブオイル ‥‥ 15g	

1. ミキサーボウルに粉糖を入れローマジパンを10mm ほどにちぎって入れ、まぶす。

2. 全卵と卵黄を合わせて1/2量を①に加えて泡立てる。 ダマがなくなったら残りの1/2量を加え、ふっくらと 泡立てる。

3. ハーブとオリーブオイルを混ぜたものを②に加えて さらに泡立てる。

4. 卵白とグラニュー糖、緑色素でムラング・オルディネー ルを作る。（作り方P.013ビスキュイ・オ・ショコラ の③参照 / 緑色素を入れる）

5. ④に③を加えて、エキュモワールで混ぜる。

6. 薄力粉、コーンスターチを合わせたものを⑤に加え ながら混ぜ、80％ぐらい混ざったら溶かしバターを 加えて混ぜ合わせる。

b. シロ・ロム・ブラン

［2g 25個分］

ボーメ30°のシロップ 40g	ホワイトラム ‥‥‥‥9g
水‥‥‥‥‥‥‥‥5g	

1. すべての材料を混ぜ合わせる。

c. ナパージュ・パンプルムース

［4g 25個分］

ジェリフィク・シトロン 100g	ほぐしたグレープフルーツ
ナパージュヌートル ‥ 20g	ルビー ‥‥‥‥‥ 40g
いちごリキュール ‥‥ 10g	

1. すべての材料を混ぜ合わせる。

d. ババロワ・ド・アナナス

［30個分］

パイナップルジュース	板ゼラチン ‥‥‥‥ 6.5g
‥‥‥‥‥ 450g(150g)	ホワイトラム ‥‥‥ 10g
卵黄‥‥‥‥‥‥ 50g	レモン果汁 ‥‥‥‥ 10g
グラニュー糖 ‥‥‥ 50g	生クリーム(35%) 200g

1. 卵黄、グラニュー糖、1/3量に煮詰めたパイナップル ジュースでクレーム・アングレーズを作る。 （作り方P.013 ムース・プラリネ・ア・ラ・キャネルの③ 〜⑤参照 / 牛乳とバニラをジュースに置き換える / バニラ不使用）

2. 戻した板ゼラチンを①に加え、15℃に冷めたら、ホワ イトラム、レモン果汁を加える。

3. 軽く泡立てた生クリームと②を合わせる。

4. ③をφ40mmの型に流し込み、冷凍して固める。

e. ムース・パンプルムース

［50個分］

グレープフルーツ果汁 1021g	ほぐしたグレープフルーツ
グラニュー糖A ‥ 22.5g	‥‥‥‥‥‥‥ 225g
レモン果汁 ‥‥‥ 49.5g	卵白‥‥‥‥‥ 94.5g
板ゼラチン ‥‥‥‥ 30g	グラニュー糖B ‥ 142.5g
キルシュ ‥‥‥‥ 37.5g	水‥‥‥‥‥‥ 37.5g
イチゴリキュール ‥‥ 30g	生クリーム(35%) 379.5g
バニラエッセンス ‥‥ 8滴	

1. グラニュー糖Bと卵白と水でイタリアンメレンゲを 作り（P.014「基本のイタリアンメレンゲ 作り方」参 照 / ① → ③ → ④の順で作る）

2. グレープフルーツ果汁、グラニュー糖A、レモン果汁 を鍋に入れて火にかけ、45〜50℃に温まったら戻し た板ゼラチンを入れて溶かす。

3. ②をボウルに裏漉しして冷やす。20℃以下になった ら、ほぐしたグレープフルーツ、キルシュ、イチゴリ キュール、バニラエッセンスを加えてよく混ぜ、冷やし ながらドロっとするまで混ぜる。

4. 泡立てた生クリームと①を合わせてから、③と混ぜ 合わせる。

Montage　　　　　　　　　　　　　《デコール》ピスタチオ・クラックラン 適量

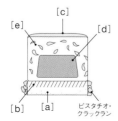

1. OPPシートを敷いた天板にφ55×h40mmのセルクルを並べ、セルクルの大きさに 抜いた [a]ビスキュイをセットし、[b]のシロップを1/4ぐらいしみ込ませる。

2. [d]ババロワを①の上に置き、[e]のムースをセルクルのふちまで流し込む。

3. [c]のナパージュで仕上げ、ピスタチオ・クラックランを飾る。

Ingrédients. Comment faire [φ55×h40mm セルクル60～65個分]

a. ビスキュイ・サッシェ

[600×400mm天板2枚 80個分]

ローマジパン	‥‥ 430g	グラニュー糖	‥‥ 130g
粉糖	‥‥‥ 130g	薄力粉	‥‥‥‥ 100g
卵黄	‥‥‥‥ 210g	ココアパウダー	‥‥ 50g
全卵	‥‥‥‥ 150g	カカオバター	‥‥ 100g
卵白	‥‥‥‥ 250g	バター	‥‥‥‥ 100g

1. 粉糖をボウルに入れ、ローマジパンを小さくちぎって入れる。
2. ①に卵黄と全卵を一緒にしたものを少しずつ加えながら伸ばしていく。
3. 卵白にグラニュー糖を加えながら立てていく。
4. ③で立てたムラングの一部をカカオバターとバターを一緒に溶かしたものに混ぜておく。
5. ④を②と合わせ、粉類を加えて混ぜ、残りのムラングを合わせる。
6. ベーキングシートを敷いた天板に⑤を流し入れて均し、180～190℃のオーブンで18～20分焼き上げる。

b. ヌガチーヌ・オ・フリュイ・セック

[130～150個分]

グラニュー糖	‥‥ 150g	バター	‥‥‥‥ 125g
ペクチン・イエローリボン		水あめ	‥‥‥‥ 50g
	‥‥‥‥ 2.5g	ナッツ類	‥‥‥ 180g

1. グラニュー糖とペクチンをよく混ぜておき、銅鍋に入れ、バターと水あめも加えて弱火にかける。
2. ①をかき混ぜ、全体につながったら、あらかじめオーブンで温めて刻んでおいたナッツ類を加える。
3. ベーキングシートを敷いた天板に広げて、190～200℃のオーブンで25～30分焼く。
4. ③が冷めたら7～8mmぐらいに刻む。

c. シロ・ア・ラニス・エ・オ・キャフェ [1～5g 60～65個分]

水	‥‥‥‥‥ 87.5g	アニスリキュール	‥‥ 12.5g
ボーメ30°のシロップ 87.5g		インスタントコーヒー	2.5g

1. すべての材料を混ぜ合わせる。

d. ムース・オ・ショコラ・ペルー・オ・キャラメル

[60g 60～65個分]

グラニュー糖	‥‥ 225g	ビターチョコレート(70%)	
生クリーム(35%)	600g	‥‥‥‥‥‥‥ 900g	
卵黄	‥‥‥‥‥ 150g	生クリーム(35%) 1800g	

1. 銅鍋にグラニュー糖を入れて煮詰め、明るい茶色のキャラメルを作る。
2. 鍋で温めた生クリームに①を加えてよく混ぜる。
3. 卵黄をボウルに入れ、よくすり混ぜてから②を加えてよく混ぜる。
4. ③を銅鍋に戻して80～85℃まで加熱殺菌する。
5. 刻んだチョコレートの上に、④を裏漉ししながら加える。
6. ハンドブレンダーで乳化させる。
7. 45～50℃まで冷ました⑥に、泡立てた生クリームを少量加え、ツヤが出てなめらかになるまで混ぜる。
8. 残りの生クリームを⑦に加えて、マリーズで混ぜ合わせる。

e. グラサージュ・ショコラ

[約100個分]

グラニュー糖	‥‥ 500g	ココアパウダー	‥‥ 200g
水	‥‥‥‥‥‥ 300g	板ゼラチン	‥‥‥‥ 30g
生クリーム(35%)	300g		

1. 鍋にグラニュー糖と水を入れて沸騰させる。
2. ①にココアパウダーを加え、再び沸騰させる。ココアが溶けてツヤが出てきたら生クリームを加え混ぜ、また沸騰させる。
3. ②に戻した板ゼラチンを加えて混ぜ溶かす。
4. ③を裏漉しし、スティックミキサーでなめらかにする。

Montage　　　　　《デコール》オレンジの皮のシロップ漬け、ショコラ・コポー 各適量

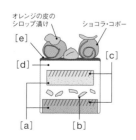

1. OPPシートを敷いた天板にφ55×h40mmのセルクルを並べ、[d]をセルクルの半分まで絞る。
2. ①のセルクルよりひとまわり小さく抜き、[c]のシロップを1.5gの1/4しみ込ませた[a]ビスキュイを①の中に押し込む。
3. ②に[d]のムースを少し絞り、[b]ヌガチーヌを3g散らして入れる。
4. [c]1.5gの1/4ぐらいしみ込ませた[a]を③に置き、平らにする。
5. ④の表面に35℃に温めた[e]グラサージュ・ショコラをかけ、セルクルから抜く。オレンジの皮のシロップ漬けとショコラ・コポーを飾る。

Montagne

| 2020AW モンターニュ |

Fort et doux, avec un parfum d'anis
力強く甘い、アニスの香りとともに

カカオ分の高いショコラに明るいキャラメルを合わせたコク
深く濃厚なムースショコラに、ガリっとヌガチンの食感を響
かせ、山の力強さを表現。コーヒーのキリっとした苦みが余
韻を引き締め、アニスの甘みを纏った爽やかでスパイシーな
香りが全体をまとめあげる。意外なマリアージュが魅力。

patisserie AKITO
AKITO TANAKA

キング・オブ・ジャム、癒しの笑顔

"ミルクジャム"の第一人者として知られる田中哲人シェフ。パティシエがだからこそ生みだせる、"スイーツのような極上ジャム"を自身のライフワークと位置づけ、それを隠し味としたお菓子を次々と考案。ミルクジャムを原点としたバリエーションは無限大にあり、ジャムを看板にした新しいスタイルのパティスリーを展開している。オリジンコウベにおいて、

自身は潤滑油的な存在であると認識。「発足から年数が経つにつれ気負いがなくなり、より自然体なグループになってきた。オリジンコウベという名前には、常に責任を感じている」と語る。海外遠征への想いは強く、2019年の台湾遠征第一弾に続き、今後も各国への遠征を視野に入れている。

【パティスリー アキト】田中哲人
1967年大阪生まれ。「ポートピアホテル」や「ホテル阪急インターナショナル」などでの勤務を経て、ホテルピエナ神戸のパティスリー「菓子sパトリー」へ。シェフパティシエに就任後、当時は知る人の少なかったミルクジャムを考案し、看板商品に。2014年、独立し「パティスリー アキト」を開業。

patisserie AKITO │ AKITO TANAKA │

Élégance

│ 2015SS エレガンス │

Du triangle au carré, saut dans le goût
三角から四角へ。味覚の飛躍

この組み合わせのガトーが仲間内でも評判だった記憶があり、
さらなるブラッシュアップを計った作品。ショコラ尽くしで濃厚
ながら、フランボワーズの酸味で後味はさっぱりと。生地とクレー
ムのバランスを再考し、やや重めだった三角形から四角形へ
とフォルムも進化させた。

Ingrédients, Comment faire [600×400mm枠1枚 70×35mm角 80個分]

a. ビスキュイ・カカオ [600×400mm天板3枚分]

卵黄	720g	薄力粉	120g
グラニュー糖A	270g	コーンスターチ	120g
卵白	600g	カカオプードル	135g
グラニュー糖B	165g	バター	270g

1. 卵黄にはグラニュー糖A、卵白にはグラニュー糖Bを合わせ、それぞれ別のボウルで泡立てる。
2. しっかりと泡立てた卵黄と卵白を合わせる。
3. 薄力粉、コーンスターチ、カカオプードルを①に加える。
4. 溶かしバターを③に加えて混ぜる。混ざったらシートを敷いた天板に流し入れる。
5. 180℃のオーブンで約15分焼成する。

b. シロップ・シャンパン [1700g (1枚560g使用)]

1:1シロップ	1000g	シャンパン	200g
水	500g		

1. すべての材料を合わせる。

c. ガナッシュ・フランボワーズ [3700g (1層1050g使用)]

生クリーム(35%)	643g	フランボワーズピューレ	
転化糖	160g		964g
イナヤ (カカオバリー)		バター	536g
	1464g		

1. 生クリーム、転化糖、フランボワーズピューレを鍋に入れて沸かす。
2. ①を溶かしたチョコレートに少しずつ加え乳化させる。
3. ②にバターを加え、ブレンダーにかける。

d. ガナッシュモンテ・シャンパン [1600g]

アルンガ (カカオバリー)		水あめ	40g
	480g	転化糖	40g
生クリーム(35%)A	200g	生クリーム(35%)B	720g
シャンパン	160g		

1. 生クリームA、水あめ、転化糖、シャンパンを鍋に入れて沸かす。
2. 溶かしたチョコレートに①を少しずつ加え乳化させる。
3. 一晩寝かした②と生クリームBを合わせ泡立てる。

e. グラサージュ・イナヤ [1700g]

水	260g	カカオプードル	48g
生クリーム(35%)	100g	イナヤ (カカオバリー)	480g
グラニュー糖	180g	アンジェクレール	620g

1. チョコレート以外の材料を鍋に入れて沸かす。
2. 溶かしたチョコレートに①を少しずつ加え乳化させる。

f. ローズフランボワーズのジャム [1600g (1枚500g使用)]

フランボワーズ(実)	1000g	ローズアロマ	8g
グラニュー糖	600g		

1. すべての材料を鍋に入れて沸かす。
2. とろみがつくまで中火で約10分、煮詰める。

Montage

《デコール》デコールショコラ、ローズの花びら 各適量

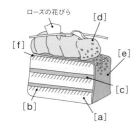

1. [a]のビスキュイに[b]のシロップをうち、[f]ローズフランボワーズのジャムを塗る。
2. ①に[c]ガナッシュを流し入れ、さらに[a]を重ねる。①の工程をもう一度繰り返す。
3. ②に[a]をさらに重ね、[b]のシロップをうち冷凍庫で冷やし固める。
4. ③を70mmの棒状にカットし、表面に[c]のガナッシュを塗っていく。
5. ④に[e]グラサージュショコラをかけてから、70×35mm角にカットする。
6. [d]のガナッシュシャンパンを絞って仕上げ、ローズの花びらとデコールショコラを飾る。

Essence

| 2015AW エサンス |

Nouvelle frontière de la vanille
ヴァニラづくしの新境地

すべてのパーツにバニラを贅沢に採用。軽いバタームースを作るきっかけともなったガトーだ。手間のかかることにあえて挑戦し、マイナーチェンジを重ね現在も進化中。自身でも「全体のバランスがピタっとはまる、自分史上最高のスペシャリテのひとつを誕生させた」と語る。

Ingrédients. Comment faire [80×360mmトヨ型5本（約45個）分]

a. パンドジェンヌ・ノワゼット
[600×400mm天板1枚分]

アーモンドプードル	126g	ベーキングパウダー	5g
ノワゼットプードル	126g	バター	150g
粉糖	348g	ノワゼット	78g
全卵	378g	バニラエキストラ	適量
薄力粉	102g		

1. アーモンドプードル、ノワゼットプードル、粉糖を合わせ、全卵を入れて泡立てる。

2. ①に薄力粉、ベーキングパウダーを合わせ入れ、バター、バニラエキストラ、粗く刻んだノワゼットを加えて混ぜる。

3. シートを敷いた天板に②を流し、180℃のオーブンで約15分焼成する。

Ingrédients. Comment faire [55×55mm角 70個分]

a. ビスキュイジョコンド・ピスターシュ
[600×400mm天板3枚分]

アーモンドプードル	580g	卵白	580g
粉糖	580g	グラニュー糖	225g
全卵	580g	薄力粉	75g
ピスタチオペースト	165g	バター	90g

1. アーモンドプードル、粉糖、全卵を泡立てる。

2. ①にピスタチオペーストを加える。

3. 卵白とグラニュー糖でメレンゲを作り、②と合わせる。

4. ③に薄力粉、バターの順で加え、混ぜ合わせる。

5. シートを敷いた天板に④の生地を伸ばし190℃のオーブンで約12分焼成する。

b. バヴァロワ・マロン

牛乳	940g	マロンペースト	360g
グラニュー糖	240g	クレームフェッテ	
卵黄	300g	（泡立てた生クリーム）	840g
板ゼラチン	36g	ラム酒	20g

1. 卵黄、牛乳、グラニュー糖でクレーム・アングレーズ（作り方 P.031 クレームブリュレ・ヴァニューの①～③参照 / 生クリーム、バニラペースト不使用）を炊き、ゼラチンとラム酒を加える。

2. ほぐしたマロンペーストに①を混ぜ、裏漉しして冷ます。

3. クレームフェッテと②を合わせる。

c. イチジクとカシスのジャム
[1200g、600g分]

イチジク（果実）	1000g	グラニュー糖	800g
カシス（果実）	200g	イナゲルJM-3	24g
水	400g		

1. すべての材料を火にかけ、沸騰したらブレンダーでつぶして再度沸騰させる。

クレーム・パティシエール
[570g 50個分]

牛乳	350g	プードルアクレーム	21g
卵黄	87g	バター	21g
グラニュー糖	70g	バニラペースト	1g
薄力粉	21g		

1. 牛乳とバニラペーストを鍋で沸かす。

2. 卵黄とグラニュー糖、プードルアクレームをボウルに入れしっかりと混ぜ合わせる。薄力粉を加えて合わせ、さらに①を注ぎ入れて混ぜ、いったん火を止める。

3. ②を裏漉ししながら鍋に戻したら再び火にかけながら混ぜる。バターを加えさらに混ぜ、ツヤが出るまで炊き上げる。

d. クレーム・マロン

マロンペースト	600g	生クリーム（35%）	180g
クレーム・パティシエール	180g		

1. すべての材料を混ぜ合わせ、裏漉しする。

e. クレームムースリーヌ・ピスターシュ

バター	270g	卵黄	125g
グラニュー糖	135g	ピスタチオペースト	55g
水	60g	クレーム・パティシエール	390g

1. パータ・ボンブを作る。まずはグラニュー糖と水を鍋に入れて沸騰させ、シロップにする。

2. ボウルに入れた卵黄に①を加え、湯煎にかけて約80℃になるまで温める。

3. ②を裏漉ししてミキサーで泡立て、もったりとしてきたらでき上がり。

4. やわらかくしたバターと③を合わせる。

5. 合わせておいたクレーム・パティシエールとピスタチオペーストを④に加え、混ぜ合わせる。

Montage

《デコール》クレームシャンティー、ピスタチオ、金箔 各適量

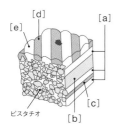

[d] [a]
[e]
[c]
[b]
ピスタチオ

1. [a]ビスキュイジョコンドに[c]のジャム1200gをのせて伸ばし、[a]を重ねる。

2. ①の上に[b]バヴァロワを流し、さらに[a]をのせ、冷凍庫で冷やす。固まったら[c]のジャム600gを塗る。

3. ②の上にクレーム[d]と[e]を交互に絞り、55×55mm角にカットする。

4. サイドにクレームシャンティーを塗り、細かく刻んだピスタチオを飾り、金箔で仕上げる。

| patisserie AKITO | AKITO TANAKA |

Onctueuse
| 2018AW オンクチューズ |

Hojicha pour une onctuosité japonaise
焙じ茶でジャポネーゼなクリーミーさを

このテーマで誰も選ばなかったシブーストクリームをあえてセレクト。余韻にふわっと香りたつ程度にほうじ茶を加え、ほうじ茶のミルクジャムをプラス。ほろ苦く香ばしいお茶感を底上げしつつ、和テイストにチャレンジした作品。オレンジの苦み走った酸味との相性も抜群だ。

Ingrédients. Comment faire

a. パートシュクレ　　　　　[タルト型 約50個分]

バター ・・・・・・・・	300g	全卵・・・・・・・・・・・	100g
アーモンドプードル	125g	薄力粉・・・・・・・・・	500g
グラニュー糖 ・・・・	125g	塩・・・・・・・・・・・・・・・3g	

1. バター、グラニュー糖、塩を混ぜる。
2. 全卵を①に少しずつ加える。
3. 薄力粉、アーモンドプードルを②に加え混ぜ合わせる。
4. ③の生地をめん棒で厚さ2.5mmに伸ばしてφ70mmのタルト型に敷き込む。
5. ④にオーブンペーパーを敷いて重石を入れ、180℃のオーブンで約25分空焼きする。

b. クレームショコラ・オランジュ　　[20個分]

牛乳・・・・・・・・・・	100g	板ゼラチン ・・・・・・・・・8g	
生クリーム(35%)	100g	ハデ(チョコビック)	290g
卵黄・・・・・・・・・・・	40g	オレンジカット(うめはら)	
グラニュー糖 ・・・・・	20g	・・・・・・・・・・・・・・・	50g
オレンジジュース ・・	200g	コアントロー ・・・・・	10g
転化糖・・・・・・・・・	50g		

1. 牛乳、生クリーム、卵黄、グラニュー糖、転化糖、オレンジジュースでクレーム・アングレーズ(作り方P.031クレームブリュレ・ヴァニーユの①〜③参照/②の牛乳と生クリーム、バニラペーストをオレンジジュースと転化糖に置き換える)を炊き、ゼラチンを加える。
2. 溶かしたショコラに①を少しずつ加え、乳化させる。
3. オレンジカットとコアントローを②に加えて混ぜる。

c. ほうじ茶のシブースト　　　　[25個分]

牛乳・・・・・・・・・・	500g	板ゼラチン ・・・・・・・	10g
卵黄・・・・・・・・・・・	120g	卵白・・・・・・・・・・・	240g
グラニュー糖A ・・・・	50g	グラニュー糖B ・・	175g
薄力粉・・・・・・・・・	50g	水・・・・・・・・・・・・・	50g
ほうじ茶パウダー ・・	10g		

1. イタリアンメレンゲを作る。グラニュー糖Bと水を鍋に入れ、約118℃まで煮詰める。
2. ボウルに入れた卵白を白っぽくなるまで泡立て、①を加えて粗熱が取れるまで泡立てる。
3. 牛乳、グラニュー糖A、卵黄、薄力粉、ほうじ茶パウダーでクレーム・パティシエールを炊き(作り方P.035参照/②で薄力粉を加えるときにほうじ茶パウダーを入れる)、ゼラチンを加えて裏漉しする。
4. ②と③を合わせ、φ70mmのタルトリングに絞り入れ、冷凍庫で冷やし固める。

d. ほうじ茶のミルクジャム　　[1個 約10g使用]

牛乳・・・・・・・・・・	600g	グラニュー糖 ・・・・	180g
生クリーム(35%)	150g	ほうじ茶 ・・・・・・・・・・6g	
練乳・・・・・・・・・・・	150g	ほうじ茶パウダー ・・・3g	

1. 牛乳でほうじ茶を煮立たせて漉す。
2. 生クリーム、練乳、グラニュー糖、ほうじ茶パウダーを①に加え、とろみがつくまで中火で煮詰める。

Montage

《デコール》グラニュー糖、粉糖、ナパージュ、銀箔 各適量

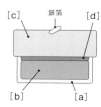

1. [b]のクレームショコラを[a]パートシュクレに流し入れ冷凍庫で冷やす。固まったら[d]のジャムを絞る。
2. [c]ほうじ茶のシブーストを型から抜き、①にのせる。
3. ②の表面にグラニュー糖で2回、粉糖で1回、キャラメリゼする。
4. ナパージュを塗り、銀箔を飾り仕上げる。

Ingrédients. Comment faire [600×400mm天板1枚 35×75mm角 70個分]

a. ダックワーズピスターシュ
[600×400mmシルパット 1枚分]

卵白	400g	薄力粉	100g
グラニュー糖	110g	粉糖	150g
アーモンドプードル	150g	ピスタチオ(アッシェ)	20g

1. 卵白とグラニュー糖でメレンゲを作る。
2. 薄力粉、アーモンドプードル、粉糖を合わせ、①に加えて混ぜ合わせる。
3. 細かく刻んだピスタチオを②に加えて混ぜ、シルパットに伸ばし広げる。
4. ③を180℃のオーブンで15分焼成する。

b. ビスキュイショコラ・サンファリーヌ
[600×400mm天板 1枚分]

卵白	290g	卵黄	190g
グラニュー糖	290g	カカオプードル	100g

1. 卵白とグラニュー糖でメレンゲを作る。
2. ①に卵黄を加え、カカオプードルを合わせて混ぜる。
3. シートを敷いた天板に②を伸ばし、190℃のオーブンで約10分焼成する。

c. クレーム・オ・ブール・ピスターシュ [約1250g 1枚分]

牛乳	240g	卵白	160g
グラニュー糖A	190g	水	80g
卵黄	240g	グラニュー糖B	300g
ピスタチオペースト	350g	バター	1000g

1. 牛乳、グラニュー糖A、卵黄でクレーム・アングレーズ（作り方P.031クレームブリュレ・ヴァニユの①〜③参照／生クリーム、バニラペースト不使用）を炊く。
2. ①とピスタチオペーストを合わせ、さらにやわらかくしたバターを加え混ぜる。
3. 卵白とグラニュー糖B、水でイタリアンメレンゲ（作り方P.037ほうじ茶のシブーストの①〜②参照）を作り、②と軽く合わせる。

d. クレーム・オ・ブール・フランボワーズ [1000g 1枚分]

バター	460g	グラニュー糖	80g
フランボワーズ・ピューレ		トレハロース	80g
	400g		

1. フランボワーズピューレにグラニュー糖、トレハロースを合わせる。
2. やわらかくしたバターに①を少しずつ加え混ぜ合わせる。

e. クランブル・カカオ [1500g]

バター	480g	アーモンドプードル	400g
グラニュー糖	400g	薄力粉	280g
塩	8g	カカオプードル	120g

1. すべての材料を混ぜ合わせる。カードルで刻むように混ぜて細かくして冷凍する。
2. シートを敷いた天板に①を広げ、160℃のオーブンで5〜10分焼成する。

f. フィヤンティーヌ・ザクザク [1250g 1枚分]

ミルクチョコレート	240g	クランブルカカオ	465g
プラリネアマンドノワゼット		フィヤンティーヌ	120g
	465g		

1. 溶かしたミルクチョコレートに残りの材料を入れて混ぜる。

Montage
《デコール》フランボワーズ 1粒、粉糖、ピスタチオ(アッシェ) 各適量

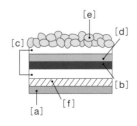

1. シルパットにのせた[a]ダックワーズに[f]フィヤンティーヌを塗る。さらに[c]ピスターシュのクレームの1/2量を流し広げる。
2. [d]フランボワーズのクレームを600×400mm枠に流し、上に[b]ビスキュイショコラをのせる。
3. ①に②をのせて、残りの[c]を流し冷やす。
4. ③が固まったら35×75mm角にカットし、表面に[e]クランブル・カカオをのせる。
5. 細かく刻んだピスタチオを散らし、粉糖をつけたフランボワーズで飾る。

Ingrédients. Comment faire

a. パートサブレショコラ [1100g]

発酵バター	300g	全卵	100g
塩	5g	薄力粉	450g
粉糖	185g	カカオプードル	25g
アーモンドプードル	65g		

1. バター、粉糖、塩を混ぜる。

2. ①に全卵を少しずつ加える。さらに薄力粉、カカオプードル、アーモンドプードルを加えて混ぜる。

3. ②の生地を2.5mmの厚さに伸ばしてφ70mmの型に敷き込む。

4. ③にオーブンペーパーを敷き重石を入れ、180℃のオーブンで約20分空焼きする。

b. クーリー・エキゾチック・エ・バナナカラメリゼ [500g]

グラニュー糖	50g	バナナ	300g
板ゼラチン	4g	バター	30g
エキゾチックピューレ	260g		

1. 細かく切ったバナナをバターでソテーし、グラニュー糖とエキゾチックピューレを加えて軽く煮詰める。

2. ふやかした板ゼラチンを加えて冷ます。

c. ガナッシュ [380g]

ピュアカライブ（ヴァローナ）		転化糖	30g
	160g	クレーム・ド・ココ	10g
生クリーム(35%)	170g		

1. 生クリーム、転化糖、クレーム・ド・ココを沸かし、溶かしたピュアカライブに加えて乳化させる。

2. 冷蔵庫で一晩寝かせる。

d. クレーム・ショコラ・トンカ [460g]

牛乳	125g	ピュアカライブ（ヴァローナ）	
生クリーム(35%)	125g		100g
卵黄	50g	ジヴァララクテ（ヴァローナ）	
グラニュー糖	25g		40g
		トンカ豆	1g

1. 牛乳、生クリームに漬したトンカ豆を加えて沸かし、卵黄、グラニュー糖でクレーム・アングレーズ（作り方 P.031 クレームブリュレ・ヴァニーユの①〜③参照／バニラペースト不使用）を炊く。

2. 溶かしたチョコレートに①を混ぜ合わせ、乳化させる。

e. ガナッシュモンテ・パッション [800g]

ピュアカライブ（ヴァローナ）		転化糖	21g
	180g	パッションフルーツピューレ	
生クリーム(35%)	90g		90g
水あめ	21g	生クリーム(35%)	400g

1. 生クリーム、水あめ、転化糖、パッションフルーツピューレを沸かし、チョコレートと合わせ乳化させガナッシュを作る。

2. 一晩寝かせた①のガナッシュと生クリームを合わせて泡立てる。

f. グラサージュ [570g]

ピュアカライブ（ヴァローナ）		太白ごま油	80g
	200g	アーモンドダイス（ロースト）	
パータグラッセ・ブリュンヌ			40g
（カカオバリー）	250g		

1. 溶かしたチョコレートと、ごま油、アーモンドダイスを混ぜ合わせる。

Montage

《デコール》フランボワーズ、金粉スプレー 各適量

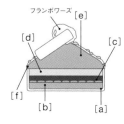

1. 粗熱をとった[a]パートサブレに[b]のバナナカラメリゼを入れる。さらに[c]のガナッシュ、[d]クレームの順に流し入れ、冷凍庫で固める。

2. ①が固まったら[e]のガナッシュをこんもりと絞って、円錐状に整えたら、冷凍庫で固める。

3. ②に[f]のグラサージュをかけ、冷凍庫で冷やしてからフランボワーズと金粉スプレーで飾る。

COMPARTIR VALOR
TATSUYA ONISHI

独自のフィールドを得て輝く、右脳的感性

創業70余年の老舗「MOTOMACHI CAKE」の
オーナーシェフという顔を持ちながらも、国際製菓
コンクール『シャルル・プルースト杯』で見事優勝を
果たすなど、常に新しいフィールドにチャレンジし続
ける大西達也シェフ。近年は本店とは異なるコンセ
プトの姉妹店「コンパルティール ヴァロール」をオ
ープン。独自の右脳的な感性とクリエイションを発
揮したガトー、さらにこだわりのコーヒーで、新しい
世界観を提供している。「オリジンコウベは、お互い
を一歩離れたところから俯瞰して見ることができる
ので、新しい視点が持てて新鮮」と語る。今後は
パリにあるパティスリーのセレクトショップ Fou de
Pâtisserie（フー・ドゥ・パティスリー）に、「オリジン
のコレクションを並べること」が夢なのだとか。

【コンパルティール ヴァロール】大西達也
1971年大阪生まれ。大阪で5年間洋菓子店勤務後、2006年
「MOTOMACHI CAKE」3代目に就任。2008年本店を改装。
大丸神戸店、打出小槌店の計3店舗を展開。コンクールへのチ
ャレンジも意欲的で、2014年にはルレ・デセール主催「シャル
ル・プルースト杯」で世界チャンピオンに輝く。2017年、新コン
セプトのブランド「コンパルティール ヴァロール」をオープン。

| COMPARTIR VALOR | TATSUYA ONISHI |

Essence

| 2015AW エサンス |

Le café met en valeur l'acteur
主役を立てる、コーヒーの助演力

バニラのクレームは艶やかな真っ白のビジュアルだが、コーヒーから抽出したほろ苦さや香りを驚くほどしっかりと纏わせる。複雑な構成をやさしいフォルムで包み込み、究極にシンプルなスタイルで表現。テーマの3素材にコーヒーをプラスすることで、全体をバランスよくまとめ上げる。

e. ビスキュイ・ショコラ・ノワゼット
[プレキシパット1020 1枚 40個分]

全卵 ・・・・・・・・・	132g	グラニュー糖 ・・・・・	90g
卵黄 ・・・・・・・・・・・	84g	薄力粉 ・・・・・・・・・・	45g
粉糖 ・・・・・・・・・・・	141g	コーンスターチ ・・・・・	6g
皮付きノワゼットプードル		ココアパウダー ・・・・	15g
・・・・・・・・・・・・・・	141g	バター ・・・・・・・・・・	30g
卵白 ・・・・・・・・・・	210g		

1. 全卵、卵黄、粉糖、ノワゼットプードルを白っぽくなる
    まで立てる。

2. 卵白、グラニュー糖でメレンゲを作る。

3. ①に②のメレンゲを合わせ、粉類、溶かしバターを合
    わせる。

4. フレキシパット1020 500×350mmに③の生地を流
    し入れる。

5. 185℃のコンベクションオーブンで8分焼成する。
    鉄板を半回転させて前後を逆にし、さらに1分焼く。

f. パートシュクレ
[506g 30個分]

バター ・・・・・・・・	146g	アーモンドプードル	36.5g
粉糖 ・・・・・・・・・	70.5g	強力粉 ・・・・・・・・・	205g
フルールドゥゲランド	7.5g		
全卵 ・・・・・・・・・・・	41g		

1. バター、粉糖、フルールドゥゲランドを合わせる。

2. ①に全卵を加え、アーモンドプードル、強力粉を合わ
    せる。

3. ②をめん棒で1.75mmの厚さに伸ばし、3種類の形
    に成形する。(A…φ70mmの丸型に抜く / B…25×
    220mmの帯状にカットする / C…φ65mmの丸型
    で抜き、φ20mmの穴を開ける)

4. ③のBとCの生地をφ70mmタルト型にセットし、
    Aの生地は天板に並べ、138℃のコンベクションオー
    ブンで15分焼成する。天板を半回転させて前後を
    逆にし、さらに5分焼く。

g. クルミキャラメリゼ
[1個 1粒]

クルミロースト ・・	100g	グラニュー糖 ・・・・	32.5g
水 ・・・・・・・・・・・	11.3g	バター ・・・・・・・・・・・	2g

1. 水、グラニュー糖でシロップを作り、118℃まで煮詰
    める。

2. ①にクルミローストを加え、キャラメリゼして、最後
    にバターを加える。

Montage

《デコール》セミドライアプリコット 1個/1粒8カット、フルールドゥゲランド 適量

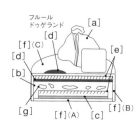

1. ビスキュイ[e]をφ65mmのセルクルで抜き、1/2にスライスし、
    接着のためのガナッシュ[b]を少量塗り、タルト生地[f](B+C)の中に敷く。

2. ①にコンフィチュール[d]を8~10g絞り、ガナッシュ[b]を13~15g絞る。

3. ②に刻んだクルミ[g]1粒、セミドライアプリコットを1/8にカットしたものを散らし、
    ビスキュイ[e]の残り1/2枚を被せる。

4. タルト生地[f](A)にガナッシュ[c]を5~6g塗って③にふたをする。

5. ④をひっくり返して、タルト生地[f](C)の穴にコンフィチュール[d]を絞り、
    フルールドゥゲランドを散らす。

6. トリュフ用アプリコットガナッシュ[a]とアプリコットのコンフィを飾る。

Scènes

| 2017SS セーヌ |

Moment à Koh Samui
タイ・サムイ島でのひととき

タイ・サムイ島のホテルのテラスで優雅に飲むトロピカルジュースを
イメージし、琥珀色に煌くアロマティックなフルーツティーにトロピカ
ルフルーツを閉じ込める。タイベリーの華やかな芳香と酸味、トロピ
カルフルーツの濃厚な甘みが、心躍るリゾートシーンへと誘う。

Ingrédients. Comment faire

クラックラン・ショコラ　　　　　[13.5g 約120枚分]

中力粉 ········· 500g　　カソナード ······ 550g
カカオプードル ···· 73g　　バター ······ 1P(450g)

1. すべての材料をロボクープに入れ攪拌する。

2. ①の生地がまとまり出したら、3mmの厚さに広げてシルパットにのせる。生地の上からさらにもう1枚シルパットを重ねてから冷蔵庫で一晩休ませる。

3. 軽くめん棒たたき、3mmの厚さに伸ばし、φ70mmの抜き型で抜く。

4. ③を冷凍庫で冷やす。

a. パータシューショコラ
[シリコマートφ50mm 8ヶ取り SF004 3枚 24個分]

A 牛乳 ······· 125g　　B 中力粉 ······· 151g
　水 ········· 125g　　　カカオプードル ·· 12g
　バター ······ 113g　　C 全卵 ······ 240g
　グラニュー糖 ···· 11g　　　全卵 ········· 13.5g
　塩 ·········· 3g　　　クラックラン・ショコラ 13.5g

1. Aをすべて鍋に入れ、沸騰させる。

2. 合わせておいたBをAに入れ、火からおろして練り、まとめる。

3. ②を再び中火にかけ、少し練りながら、鍋底に膜が貼ったら、火からおろし、ミキサーに移す。

4. ③をビーターで攪拌し、少し蒸気が出なくなったら、Cを3回程に分けて加える。

5. ④を型に絞り入れる（1個26g）。絞り終わりを水で濡らしたスプーンで平らにして冷凍する。

6. 冷凍したままの⑤のシュー生地に全卵を塗り、クラックラン・ショコラを被せる。（シュー生地の中心と合わせ、きれいに重ねる）

7. シルパットを敷いた鉄板に⑥を並べて、23℃に温めておいたコンベクションオーブンに入れる。

8. 185℃に温度を設定して、約30分焼く。

b. クレーム・パティシエール　　　　[40g]

A 殺菌加糖卵黄(20%)　　B 低温殺菌牛乳 ·· 800g
　 ········· 288g　　　濃縮ミルク ···· 200g
　グラニュー糖 ·· 130g　　　バター ······ 20g
　　　　　　　　　　　C コーンスターチ ·· 40g
　　　　　　　　　　　　薄力粉 ······· 40g

1. Aのグラニュー糖の一部をBに入れ、Bを鍋で沸騰させる。

2. Aをすり合わせて、グラニュー糖を溶かすようにすり合わせておく。

3. CをAにふるい入れ、あまり混ぜすぎないように、粉気がなくなるまで泡立て器で混ぜる。

4. ①が沸いたら、③と合わせて漉し、①の鍋に戻し再び火にかける。

5. 粉に火が入るタイミングでバットに移し、すぐに冷やす。

c. シャンティーココ　　　　[217g 約3〜4個分]

生クリーム(35%)　　200g　　ココナツリキュール ····4g
グラニュー糖 ······ 13g

1. すべてをしっかりと冷やした状態にしてから合わせ、ゆっくりと泡立てる。

d. ガルニチュール　　　　[約60g 約6個分]

A マンゴー ······· 10g　　B ナパージュ ······ 14g
　ゴールデンキウイ 10g　　　パッソア(リキュール) 7g
　パイナップル ···· 10g
　パッション ······ 10g

1. Aを10mm角に切り、パッションは中の実だけを取る。

2. AとBを合わせる。

Montage

《デコール》ココナツオイル、ココナツファインロング(ロースト)、ナパージュ、グロゼイユ、チョコレート 各適量

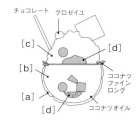

チョコレート　グロゼイユ
[c]　　[d]
[b]
[a]　　ココナツファインロング
[d]　ココナツオイル

1. 焼けて、しっかりと冷やした[a]のシュー生地の底をくり抜く。

2. レンジで温めたココナツオイルを①に流し入れ、すぐに出し、内側に薄く皮膜を張る。

3. [b]のクレームを2/3ほど②に絞り入れ、スプーンを塗り広げてくぼみを作り、[d]ガルニチュール(10g)をスプーンで入れる。

4. シューが一杯になるまで[b]のクレームを絞り入れる。

5. ④の上に[d]ガルニチュールを少し乗せる。

6. シューの淵にナパージュを少し塗り、ローストしたココナツをつける。

7. [d]ガルニチュールの上に[c]のシャンティーココを絞り、グロゼイユ、チョコ等を飾る。

Ingrédients. Comment faire

a. パータシューショコラ
[シリコマート φ50mm 8ヶ取り SF004 3枚 24個分]

※ 材料、作り方は P.063 クラックラン・ショコラ／パータシューショコラ参照

b. シュトロイゼル

※ 材料、作り方は P.063 クラックラン・ショコラを参照
クラックラン・ショコラの工程③のあと、生地を網目に通して細かくする。
次に、生地を5gずつフレキシパン2266-F14に入れ、135℃のオーブンで20分焼く。

クレーム・シャンティー
[1055g（60g 使用）]

生クリーム（40%）　1000g
グラニュー糖　・・・・・・　55g
※5.5% 加糖

1. すべての材料を混ぜ合わせ、泡立てておく。

c. クレーム・ムースリーヌ（はちみつ入り）**[60g 10個分]**

〈クレーム・パティシエール〉	クレーム・シャンティ　60g
A 殺菌加糖卵黄(20%)	プラリネノワゼット　100g
・・・・・・・・・・　288g	バター・・・・・・・・・・　130g
グラニュー糖　130g	はちみつ ・・・・・・・・・　53g
B 低温殺菌牛乳・・　800g	ノワゼットキャラメリゼ(刻み)
濃縮ミルク ・・・・　200g	・・・・・・・・・・・・・・・・　53g
バター ・・・・・・・・・　20g	
C コーンスターチ　・・　40g	
薄力粉　・・・・・・・・　40g	

1. A、B、C の材料でクレーム・パティシエールを作る。
（作り方 P.063 クレーム・パティシエール参照）

2. バターを冷たい状態からミキサーにかけ、やわらかくする。

3. ①のクレーム・パティシエールをほぐし、計量して240gを使用する。クレーム・シャンティとプラリネノワゼットとはちみつを合わせておく。

4. ②に少しずつ③を加える。

5. 刻んだノワゼットのキャラメリゼを④に加える。

Montage

《デコール》ノワゼットキャラメリゼ、はちみつ、ココアプードル、極薄のチョコレートプレート 各適量
プラリネノワゼット 50g

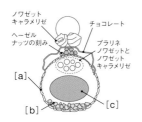

ノワゼット
キャラメリゼ
ヘーゼル
ナッツの刻み
チョコレート
プラリネ
ノワゼットと
ノワゼット
キャラメリゼ
[a]
[b]
[c]

1. [a]のパータシューを、冷蔵庫でしっかりと冷やしたら底面をくり抜く。

2. [a]のパータシューを上下逆さにおき、1個5gずつプラリネノワゼットを絞り入れ、さらにノワゼットキャラメリゼを入れる。
その上から[c]のムースを8割ぐらいまで絞り入れる。

3. ②に[b]シュトロイゼルを押し込んで入れ、その上から[c]のムースを絞る。

4. ①でくり抜いた底面を③にはりつけ、ふたをし、上下を戻す。

5. ④の上からはちみつをコルネで軽く絞り、ヘーゼルナッツの刻みを少し飾る。

6. 極薄のチョコレートプレートをφ40mmの型で抜き、⑤の上に置く。

7. ドライヤーをゆっくり当てながら軽く溶かしてチョコレートプレートを変形させる。

8. ノワゼットキャラメリゼ2粒とココアプードルで飾る。

Montagne

| 2020AW モンターニュ |

Sensation d'automne aux noisettes et au chocolat
ヘーゼルナッツとチョコレートで感じる秋

春夏コレクション「ラ・メール」と同じシューショコラを逆さまにして、山を表現。ダークブラウンの木の実をふんだんに使い、見た目的にも味的にも、味わい深い秋冬の山を描出。2020年のコレクションは、自身が好きな神戸を彷彿とさせる海＆山のイメージで統一感をだした。

PÂTISSERIE étonné
SEIJI TADA

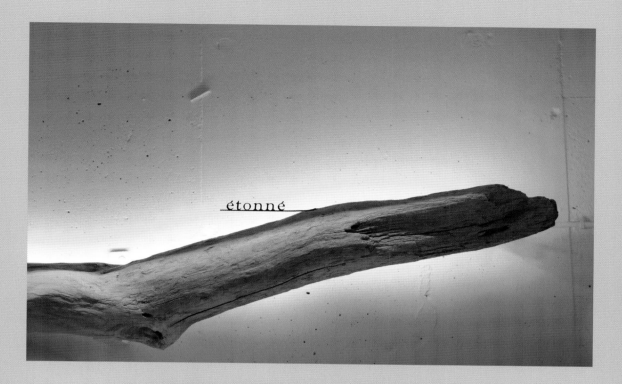

究極のシンプルを追求する、ミニマリスト

ひと口ごとの驚きや発見がありながらも、誰からも愛されるシンプルで上質な味覚を追求する多田シェフ。その菓子の魅力は、口溶け感とバランスの素晴らしさ、そして天性の美的センス。配合は同じでも、合わせる温度や順序などの違いにより、しっとりと軽やかな唯一無二の食感に仕上げ、食べる者の心をときめかせる。様々な業態で働いてきた経験上、多角的に物事を見て、即断即決で結論を出すことができるので、上下問わず相談を受けることが多い立場。「オリジンコウベにおいても、自分は年齢的にも真ん中なので"上下の意見の取りまとめ役"でありたい。みんなで情報を共有することで、互いに成長し、神戸を本気で盛り上げていきたい」と語る。

【パティスリー エトネ】多田征二
1973年香川県生まれ。「ホテル阪急インターナショナル」で勤務後、渡仏。「ラデュレ」などで2年間経験を積む。帰国後、「神戸北野ホテル」が展開する「イグレックプリュス＋」の立ち上げから15年間、シェフ・パティシエとして活躍する。2016年、独立し「パティスリー エトネ」開業。

Essence

| 2015 AW エサンス |

Élysées "Palais du chocolat et des agrumes"
エリゼ "ショコラと柑橘の宮殿"

ショコラが芳醇に香りたちながらも軽やかな食感の、ソフトブラウ
ニーのような生地がポイント。合わせる柑橘はこの生地に負けない
甘く香りの強いマンダリンオレンジをセレクト。神戸とよく似た地中
海の恵みを感じられるくっきりと鮮やかなテイストに仕上げた。

Ingrédients, Comment faire [115×30mm角 40個分]

a. ビスキュイ・モワルー ショコラ
[330×480mmカードル1枚 40個分]

卵白	375g	アーモンドプードル	375g
グラニュー糖	375g	ビターチョコレート	240g
乾燥卵白	適量	ノワゼットグリエ	200g

1. 卵白に乾燥卵白を入れ、グラニュー糖を少しづつ加えながら、しっかりしたメレンゲを作る。

2. ①にアーモンドプードルを加え混ぜ合わせる。

3. 45℃に溶かしたチョコレートを②に加え混ぜ合わす。

4. ローストしたノワゼットを③に混ぜる。

5. シートを敷いた天板に④を流し入れ、160℃のオーブンで16分焼成する。

b. クレムーカラメル
[40個分]

グラニュー糖	200g	グラニュー糖	100g
生クリーム(35%)	200g	バター	250g
卵黄	120g	ゼラチン	6g
全卵	150g		

1. グラニュー糖を鍋に入れ、強火でカラメルにする。泡が黒くなったら生クリームを加える。

2. 卵黄、全卵、グラニュー糖を白くなるまで混ぜ合わせ、①と混ぜ合わせる。

3. ②を火にかけ、とろみがつくまで炊き上げたら、ゼラチンを加える。

4. ③にバターを加えブレンダーにかけ乳化させる。

c. ジュレ・マンダリン
[40個分]

マンダリンピューレ	835g	水あめ	110g
グラニュー糖	185g	ペクチン(Og505-S)	15g

1. 鍋にマンダリンピューレとグラニュー糖を加え温める。

2. ①に水あめ、ペクチンを加え80℃まで加熱する。

3. 氷水で冷ます。

d. シャンティー・ヴァニーユ
[40個分]

生クリーム(40%)	400g	バニラペースト	適量
グラニュー糖	32g		

1. 生クリームにグラニュー糖を加え泡立てる。

2. バニラペーストを加える。

Montage
《デコール》ミルクチョコレート 200g、オレンジカルティエ 40個、ジャンドウジャ 120g

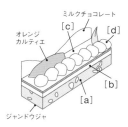

1. 焼き上がった[a]ビスキュイの裏面に溶かしたジャンドウジャを塗る。

2. ①に[b]のクレムーカラメルを流す。

3. ②の上から[c]ジュレ・マンダリンを流し、冷凍する。

4. 115×30mm角にカットし、[d]シャンティー・ヴァニーユを絞り、オレンジカルティエ、デコールショコラで飾る。

Ingrédients, Comment faire [φ50mm 20個分]

a. ムースショコラアプリコ　　　　　　　　[20個分]

スイートチョコレート	285g	転化糖 ‥‥‥‥‥	40g
アプリコットピューレ	145g	生クリーム(35%)	275g

1. 温めたアプリコットピューレと転化糖をチョコレートと合わせる。
2. ①を電子レンジで加熱し、45℃になれば泡立てた生クリームの1/3量を合わせ、再び40℃まで電子レンジで加熱する。
3. 残りの生クリームを②に加え、φ50mmのセルクルに流す。
4. 急速冷凍する。

カラメルベース　　　　　　　　　　[80g 20個分]

グラニュー糖 ‥‥	100g	グランマルニエ ‥‥	30g
生クリーム(35%)	200g		

1. グラニュー糖を鍋に入れて強火にかけ、泡が黒くなったら生クリームを加える。混ぜ合わせて乳化させる。
2. 冷めたところにグランマルニエを加える。

b. シャンティーカラメル　　　　　　　　[20個分]

生クリーム(40%)	400g	カラメルベース ‥‥	80g

1. 泡立てた生クリームとカラメルベースを冷たい状態で合わせる。

c. クレームディプロマット　　　　　　　[20個分]

牛乳 ‥‥‥‥‥	500g	バター ‥‥‥‥‥	50g
卵黄 ‥‥‥‥‥	120g	バニラペースト ‥‥	適量
グラニュー糖 ‥‥	150g	生クリーム(40%)	350g
プードルアラクレーム	50g		

1. 卵黄にグラニュー糖を加え混ぜ合わせる。
2. ①にプードルアラクレーム、バニラペーストを混ぜ合わせる。
3. 温めた牛乳と②を合わせて火にかけ、クリーム状に炊き上げる。
4. ③にバターを加え急速に冷ます。
5. 泡立てた生クリームと④を軽く混ぜ合わせる。

d. コンポートプリュノー　　　　　　　　[20個分]

水 ‥‥‥‥‥‥	500g	プラム ‥‥‥‥‥	40個
アールグレイ茶葉 ‥	20g		

1. 沸騰したお湯に紅茶を一気に加え10分蒸らす。
2. ①にプラムを加え、一晩漬け込む。

Montage

《デコール》オレンジジュリエンヌ、ピスタチオ、シナモンパウダー
パータグラッセイヴォワール、アマンドダイス 各適量

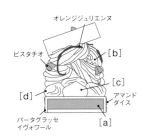

1. [a]ムースショコラアプリコを竹串で刺し、パータグラッセイヴォワールに付ける。
2. ①にローストしたアマンドダイスをふりかける。
3. [c]クレームディプロマットを絞る。
4. 半分にカットした[d]コンポートプリュノーを並べる。
5. 全体にシナモンパウダーをたっぷりふりかける。
6. [b]シャンティーカラメルを絞り、最後にオレンジジュリエンヌ、ピスタチオで飾る。

Ingrédients. Comment faire [330×480mmカードル1枚 40個分]

a.ビスキュイ・ショコラ [40個分]

卵白	147g	ベーキングパウダー	1.5g
グラニュー糖	140g	ビターチョコレート(64%)	
卵黄	84g		105g
ココアパウダー	35g	バター	122g
コーンスターチ	60g		

1. 卵白、グラニュー糖でメレンゲを作る。

2. ①に液状の卵黄を加え混ぜ合わせる。

3. ②にココアパウダー、コーンスターチ、ベーキングパウダーを加え混ぜ合わせる。

4. 40℃に溶かしたチョコレートとバターを③に加える。

5. シートを敷いた天板に330×480mmのカードルを置き④を流し入れ、200℃のオーブンで9分焼成する。

b.ムース・ショコラ・ミュール [40個分]

ビターチョコレート(64%)		転化糖	80g
	570g	生クリーム(35%)	550g
ミュール ピューレ	290g		

1. 鍋にミュール ピューレと転化糖を加え、温める。

2. チョコレートと①を合わせる。

3. 40℃に調整した②と泡立てた生クリームを合わせる。

クレーム・パティシエール [40個分]

牛乳	250g	プードルアラクレーム	25g
卵黄	60g	バター	25g
グラニュー糖	75g	バニラペースト	適量

1. 卵黄にグラニュー糖を加え白っぽくなるまで擦り混ぜる。

2. ①にプードルアラクレーム、バニラペーストを加える。

3. 温めた牛乳を②に加え、漉しながら再び鍋に戻して火にかけて炊き上げる。

4. 炊き上がりにバターを加え急速に冷ます。

c.クレーム・ピスターシュ [40個分]

クレーム・パティシエール		ゼラチン	5g
	400g	キルシュ	16g
生クリーム(35%)	300g	パートドピスターシュ	70g

1. クレーム・パティシエールと泡立てた生クリームを合わせる。

2. 溶かしたゼラチンとキルシュを①に加え、混ぜ合わせる。

3. ②とパートドピスターシュを合わせる。

d.シャンティーカシス [40個分]

生クリーム(40%)	200g	カシスピューレ	40g
グラニュー糖	16g		

1. 生クリームとグラニュー糖を合わせ、泡立てる。

2. ①にカシスピューレを加え、混ぜ合わせる。

Montage

《デコール》アーモンドスライス、粉糖 各適量

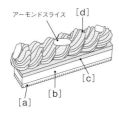

アーモンドスライス [d]
[c]
[b]
[a]

1. [a]ビスキュイ・ショコラを型のまま冷ます。
上から[b]ムース・ショコラ・ミュールを流し入れ、冷凍で冷やし固める。

2. ①に[c]クレーム・ピスターシュを流し入れ、冷凍する。

3. ②が固まったら型から外し、115×30mm角にカットする。
上から[d]シャンティーカシスを星の口金で絞る。

4. 粉糖をふったアーモンドスライスを③に飾る。

L'AVENUE
SHIGEO HIRAI

ショコラの美しさ、味、そのすべての表現者

平井茂雄シェフの真骨頂といえば、凛としたフォルムが魅力のショコラのガトー、ブラウニーやサブレなど重厚な焼き菓子、そしてアートのような趣きのボンボンショコラ。そのすべてに手間をしっかりとかけた繊細で緻密な菓子が並ぶウィンドーには、意外にもショコラ系のほかに華やかな色彩が目を惹くフルーツ系ガトーも多数並び、そのコントラストが興味深い。それぞれの菓子の幾重にも重なる味のグラデーションは、唯一無二のアーティスティックな世界観を表現している。またオリジンコウベにおいても、職人目線の熱のこもった意見のみならず、経営者としての冷静な視点からバランスのよい提案をしてくれることで、メンバーからの信頼も厚い。

【ラヴニュー】平井茂雄

1974年神戸生まれ。神戸、フランスで修業した後、東京「グランドハイアット東京」へ。2009年に約20ヵ国の精鋭と戦うチョコレートの世界大会「ワールドチョコレートマスターズ2009」で優勝し、世界一の称号を得た。2011年には「カカオバリー」のアンバサダーに任命される。2012年春に神戸・北野に自身のショップ L'AVENUE（ラヴニュー）をオープン。2013年一般社団法人日本洋菓子協会連合会公認技術指導委員に就任。

| L'AVENUE | SHIGEO HIRAI |

D'autres choux...
もうひとつのシューの可能性

マダガスカル産バニラとカカオに加え、柑橘が爽やかに香るアレンジバージョンのシューとして考案。甘くバニラが薫るシャンティーがやわらかなテクスチャーと香りを演出し、レモンと相性抜群のノワゼットの香ばしい食感が味の輪郭を引き締める。パリンと割れる板チョコの食感も魅力のひとつ。

Essence
| 2015AW エサンス |

Ingrédients, Comment faire [φ70mm 20個分]

クランブル・ノワゼット [φ45mm×h1.75mm 50個分]

| バター ········· | 100g | 小麦粉 ········· | 100g |
| グラニュー糖 ···· | 100g | ノワゼットプードル | 100g |

1. バターにグラニュー糖を加える。
2. 小麦粉、ノワゼットプードルを加え、混ぜ合わせ、厚さ1.75mmに伸ばす。
3. 冷蔵庫で冷やした後、型で抜いておく。

Ingrédients. Comment faire

a. ビスキュイ・スフレ　［600×400mm 天板1枚 2本分］

牛乳	172g	全卵	124g
バター	72g	卵白	320g
サラダ油	24g	グラニュー糖	190g
小麦粉	152g	乾燥卵白	2g
ベーキングパウダー	4g	赤色素	4滴
卵黄	178g		

1. 牛乳、バター、サラダ油を火にかけ沸かす。

2. ①に小麦粉、ベーキングパウダーを加え混ぜ合わせる。

3. ②に卵黄、全卵を加える。

4. 卵白、グラニュー糖、乾燥卵白、赤色素でメレンゲを作る。

5. シートを敷いた天板に④を伸ばし広げ、上から濡れたペーパーを敷く。蓋をするように上からもう一枚の天板を重ねる。

6. 150℃のオーブンで約20分焼成する。

7. 焼き上がったら250×360mm角にカットしておく。

b. ジュレ・ペッシュ・サンギーヌ　［7本分］

ペッシュサンギーヌ（コケモモ）のピューレ	688g	粉ゼラチン（300ブルーム）	21g
グロゼイユピューレ	172g	水	105g
グラニュー糖	143.6g		

1. ピューレ2種、グラニュー糖を合わせておく。

2. 水と合わせたゼラチンを①に加え、560×360mmのフレキシパットに流し入れ冷凍する。

3. 固まったら78×360mm角にカットしておく。

クレーム・パティシエール
　　　　　　　　　　　　［炊き上がり640g（1本150g使用）］

牛乳	500g	グラニュー糖	100g
バニラ	1本	薄力粉	32g
卵黄	160g	プードル・ア・クレーム	10g

※ 作り方は P.087 参照

クレーム・シャンティー

生クリーム（45%）	100g	グラニュー糖	28g
生クリーム（42%）	200g	バニラエッセンス	4g
生クリーム（40%）	100g		

1. すべての材料を合わせて7分立てにしておく。

c. クレーム・レジェ　　　　　　　　　［1本 150g］

クレーム・パティシエール	クレーム・シャンティー
150g	150g

1. クレーム・パティシエールとしっかり泡立てたクレーム・シャンティーを合わせる。

d. クレメ・ダンジュ　　　　　　　　　［1本 250g使用］

フロマージュブラン	117g	粉ゼラチン（300ブルーム）	3g
クレームドゥーブル	244g		
卵白	80g	水	15g
グラニュー糖	128g	レモンの皮	2個分

1. フロマージュブラン、クレーム・ドゥーブルをしっかり泡立てておく。

2. 卵白、グラニュー糖でイタリアンメレンゲを作り（作り方P.092マンゴームースの③参照）、合わせておいた水とゼラチンを加える。

3. ①に②のイタリアンメレンゲ155gとレモンの皮を加える。

Montage　　《デコール》クレーム・シャンティー、イチゴ、フランボワーズ、グロゼイユ、金箔、ナパージュ・ヌートル 各適量

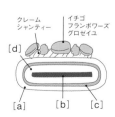

クレーム　　イチゴ
シャンティー　フランボワーズ
　　　　　　グロゼイユ

[d]

[a]　　[b]　　[c]

1. ［a］スフレのビスキュイに［c］クレームレジェールを1本につき150gずつ、薄く塗り広げる。さらにφ10mmの丸口金で［d］クレメダンジュを250g絞って、塗り広げる。

2. ①に［b］コケモモのジュレをおき、巻き上げる。このとき、大きめの紙の上に生地を置き、紙から生地を離さずに巻くと生地が割れにくく、仕上がりがきれいになる。

3. 冷蔵庫で半日冷やし固めてから、28mmの幅にカットする。

4. クレーム・シャンティーを絞り、イチゴ、フランボワーズ、グロゼイユを飾る。ナパージュでフルーツにツヤを出して仕上げに金箔を飾る。

Ingrédients. Comment faire　　[15個分]

a. ピーチ&ライチ RUBY　[2371g（1個150g使用）]

水 ・・・・・・・・・	750g	ライチピューレ（ポワロン）
グラニュー糖 ・・・・	135g	・・・・・・・・・・ 120g
スタビライザー		ボイセンベリージュース
（ユニゲルQF）・・・・・・	4g	・・・・・・・・・ 180g
ルビーチョコレート RUBY		レモン汁 ・・・・・・・・・ 12g
（カレボー）・・・・・	210g	グルマンディーズ・
白桃ピューレ（ポワロン）		フランボワーズ（濃縮ラズベリ
・・・・・・・・・・	600g	ーシロップ）・・・・・・ 適量
		桃のコンポート ・・ 360g

1. 水、グラニュー糖、安定剤を合わせて沸かす。
2. チョコレートに注ぎ入れ、ハンドブレンダーにかける。
3. ピューレ2種、ジュース2種、グルマンディーズを加え、ハンドブレンダーにかける。（このとき、糖度計で21〜22%になるよう計測する。糖度が足りない場合は分量外の転化糖を加えて調節する。）
4. 冷蔵庫で8時間保管する。
5. アパレイユをグラニータマシーンに入れ、撹拌冷却する。
6. 角切りした[b]桃のコンポートを加える。

b. 桃コンポート　[総量1200g 15個分（360g使用）]

水 ・・・・・・・・・・	1000g	バニラ（2番）・・・・・	2本
グラニュー糖 ・・・・	350g	桃 ・・・・・・・・・・	6〜8個
レモンスライス ・・ 1/2個			

1. 水、グラニュー糖、レモンスライス、2番バニラを手鍋に入れて沸かす。
2. 皮目に切り込みを入れた桃を入れ、30分間煮る。
3. 一晩漬け込む。
4. 10mm角にカットする。

c. クレーム・シャンティー　[総量321g（1個20g使用）]

生クリーム（35%）	300g	グラニュー糖 ・・・・・ 21g

1. 生クリーム、グラニュー糖を合わせておく。
2. サイフォン容器に入れ、グラニータの上に絞る。

Montage　　《デコール》クリスピー RUBY（カレボー）、クランブル 各適量

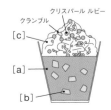

クリスパール ルビー
クランブル
[c]
[a]
[b]

1. [a]ピーチ&ライチ RUBYと[b]桃のコンポートを合わせる。
2. ①の上に[c]クレーム・シャンティーを20g絞り、クリスパール、そぼろクッキーを上から適量ふりかける。

Glace pilée pêche blanche sur la plage
白桃かき氷はビーチで

コレクション初のドリンクスタイルは、夏の人気アイテム「グ
ラニータ」からのアレンジ。海辺で食べる白桃のかき氷をイメ
ージし、酸味もあり、驚くほどスッキリと爽やかなテイストに。
シャンティーのまろやかな甘みと温もりや、クリスパールとク
ランブルの食感など、ケーキ同様さまざまな変化を楽しめる。

Mer
| 2020SS メール |

Montagne

| 2020AW モンターニュ |

Grande taille, mais adorable

グランデ・サイズなのに愛らしい

4号のグランデなサイズ感とごつごつしたフォルムで、六甲山をイメージ。粉糖と強力粉をふりかけて焼成することで、ラフな山肌のテクスチャーを表現した。かつて修業したパティスリーで作っていたお菓子に、ラヴニュー流のアレンジを加え進化させた思い出深き一品。シンプルながらもイチゴが愛らしさを醸し出している。

Ingrédients. Comment faire [φ120mm 4台分]

a. ビスキュイ・モンターニュ　　　[φ120mm 6台分]

卵白 · · · · · · · · · ·	328g	薄力粉 · · · · · · · ·	274g
グラニュー糖 · · · ·	175g	粉糖 · · · · · · · · · · · ·	適量
乾燥卵白 · · · · · · · · · ·	8g	強力粉 · · · · · · · · ·	適量
卵黄 · · · · · · · · ·	328g		

1. 卵白、グラニュー糖、乾燥卵白でメレンゲを立てる。

2. 卵黄、薄力粉を白っぽくなるまで混ぜ、①に加えて混ぜ合わせる。

3. φ120mmのフレキシパンに90gずつ分割し、形を整える。

4. ③に粉糖、強力粉をふりかけて190℃のコンベクションオーブンで12分焼成する。(165℃ 8分〜開)

5. 焼成後、冷めたら型から外しておく。

b. アンビバージュ　　　[450g 12台分]

ボーメ30°のシロップ	300g	水 · · · · · · · · · · · ·	50g
キルシュ · · · · · · ·	100g		

1. すべての材料を合わせておく。

2. [a]ビスキュイ・モンターニュを下から2mmの厚さにスライスし、それぞれの内側に①のシロップをしみ込ませておく。

クレーム・パティシエール
[炊き上がり650g (450g使用)]

※ 材料、作り方はP.087参照

c. クレーム・ムスリーヌ　　　[φ120mm 4台分]

クレーム・パティシエール		キルシュ · · · · · · · · ·	12g
· · · · · · · · · · · · · · · · · ·	460g	生クリーム(42%) · ·	92g
バター · · · · · · · · · · ·	46g		

1. クレーム・パティシエール、バターを17℃に調温し、混ぜ合わせてキルシュを加える。

2. ①にしっかり立てたクレーム・フェッテを加える。

d. クレーム・シャンティー　　　[1台 60g使用]

※ 材料、作り方はP.102参照

Montage

《デコール》イチゴ(M)1台分15個、粉糖(デコレーション用)適量

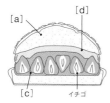

[a]　[d]　[c]　イチゴ

1. 1/2にスライスしてから[b]アンビバージュを施した[a]ビスキュイ・モンターニュの下半分の上面に[c]クレーム・ムスリーヌを絞る。

2. ①に15個のイチゴを並べ、さらに上から[c]クレーム・ムスリーヌを絞る。

3. ②に[d]クレーム・シャンティーを絞り、[a]ビスキュイ・モンターニュの上半分をのせてサンドする。仕上げに粉糖をふってでき上がり。

ma biche

HIROSHI MURATA

繊細かつエレガントな、独自のメレンゲ道

約11年間「モンプリュ」でスーシェフを務めあげ、2017年2月に独立した村田博シェフ。オリジンコウベには開業を機に参加。発足当初から積極的に会議に参加し、場を盛り上げるムードメーカー的存在だ。そんな村田シェフが理想とするのは、「匠の技とクラシックを融合させたお菓子」。見た目はシンプルながらも "意外性" があり、印象に残る味覚と丁寧な手仕事が光るガトーにこだわる。日々レシピを進化させることに余念がないその一方で、"女子力" の高さが際立つ繊細でフェミニンなデザインにも定評があり、メディアに取り上げられることも多い。コレクションではクラシカルなガトーや新しいアイデアのガトーなど、常に "自分自身が思うおいしいお菓子" の理想像を追求している。

【マビッシュ】村田博
1976年滋賀県生まれ。「ホテル阪急インターナショナル」をはじめとするホテルや神戸のパティスリーなどで研鑽を積む。
2005年12月の「パティスリーモンプリュ」オープン当初から約11年間、スーシェフを務める。
2017年2月、芦屋に「ma biche」をオープン。

Ingrédients. Comment faire [φ110×220mm セルクル 20個分]

a. パータ ブリゼ

A 牛乳	‥‥‥‥‥ 75g	バター ‥‥‥‥‥	530g
全卵	‥‥‥‥ 205g	B 薄力粉 ‥‥‥‥	415g
グラニュー糖	‥‥ 75g	強力粉 ‥‥‥‥	415g
塩	‥‥‥‥‥ 13g		

1. Aを混ぜ合わせ、冷やしておく。

2. 冷やしておいたBにバターを加え、フードプロセッサーにかける。

3. ①に②を少しずつ注ぎ入れ、軽く混ぜ合わせ、1日冷蔵庫で休ませる。

4. 2.2mmに伸ばして、φ110mmのセルクルで抜く。

5. 160℃のオーブンで30分空焼きし、冷ましておく。

b. クレーム ダマンド

発酵バター ‥‥‥‥ 500g	B アーモンドプードル 450g
粉糖‥‥‥‥‥‥‥ 500g	薄力粉 ‥‥‥‥‥ 50g
A 全卵 ‥‥‥‥‥ 400g	スキムミルク ‥‥‥ 40g
卵黄 ‥‥‥‥‥ 50g	ラム酒 ‥‥‥‥‥‥ 50g

1. クリーム状にしたバターと粉糖を混ぜ合わせる。

2. Aは溶きほぐして25〜30℃に湯煎で温め、①に少しずつ加えて乳化させる。

3. Bとラム酒を②に加え、混ぜ合わせてから1日冷蔵庫で寝かせる。

c. クレーム パティシエール

牛乳‥‥‥‥‥‥1000g	グラニュー糖 ‥‥‥ 200g
バニラペースト ‥‥‥ 10g	中力粉‥‥‥‥‥‥‥ 100g
卵黄‥‥‥‥‥‥‥ 300g	発酵バター ‥‥‥‥ 50g

1. 牛乳、バニラ、1/5のグラニュー糖を鍋に入れ火にかけて沸騰させる。

2. 卵黄、残りのグラニュー糖をボウルに入れ、白っぽくなるまで混ぜる。

3. 小麦粉を②に加え、①を注ぎ入れ、ホイッパーで混ぜながらしっかり炊き上げる。

4. ③の火を止め、バターを加えて合わせ、1日冷蔵庫で寝かせる。

d. クレーム ジャンドゥーヤ

A 生クリーム(42%) 200g	ジャンドゥーヤ ‥‥‥ 110g
グラニュー糖 ‥‥ 16g	

1. しっかり泡立てたAに、45℃に溶かしたジャンドゥーヤを一度に加え、混ぜ合わせる。

e. コンポート オランジュ

A 水 ‥‥‥‥‥ 500g	オレンジ ‥‥‥‥ 5個〜
グラニュー糖 ‥ 500g	

1. オレンジの皮、薄皮を取り去り、実を一房ずつ切り分けておく。

2. Aを合わせて鍋で炊き、シロップを作る。

3. シロップが熱いうちに①のオレンジを浸し、冷蔵庫で1日寝かせておく。

f. ノワゼット キャラメリゼ

ノワゼット ‥‥‥‥ 200g	A 水 ‥‥‥‥‥‥ 16g
バター ‥‥‥‥‥‥‥4g	砂糖 ‥‥‥‥‥‥ 45g

1. Aでシロップを作り、115℃になったらローストしたノワゼットを入れ、キャラメリゼする。

2. バターを加え、冷ます。

g. マーマレード オランジュ

オレンジの皮 ‥‥‥ 5個分	グラニュー糖
オレンジジュース ‥ 5個分	‥‥‥ オレンジ全体の半量
オレンジの実 ‥‥‥ 5個分	

1. 5個分のオレンジの皮をやわらかくなるまで茹でる。

2. ①とオレンジのジュースと実の総量の半分量のグラニュー糖を加え、ブレンダーにかける。

3. ②をブリックス55まで炊き上げ、1日寝かせる。

h. クレーム バニーユ

クレームパティシエール	ホワイトチョコレート 20g
‥‥‥‥‥‥‥‥ 100g	バニラペースト ‥‥‥‥7g

1. [c]のクレームパティシエールに40℃にしたホワイトチョコレート、バニラペーストを混ぜ合わせる。

Montage　　《デコール》オレンジジュリエンヌ(オレンジの皮のそぎ切り)、アーモンド・ダイス、粉糖 各適量

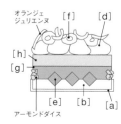

1. [a]のタルト生地に[b]ダマンド45gを絞り、[e]コンポートを4〜5房上にのせ、165℃で35分〜焼成する。

2. 冷ました①の表面に[g]マーマレード20g、[h]クレーム25gを塗り広げる。

3. ②の上に[d]クレーム35gを絞り、刻んだ[f]ノワゼットとオレンジジュリエンヌを飾る。サイドにローストしたアーモンドダイスを散らし、粉糖を軽くふって仕上げる。

accent

| 2016AW アクソン |

Chocolat en sacoche à ruban
ショコラの巾着袋

ピンクのリボンで結んだ巾着袋に、遊び心があふれる。ココア
パウダーをたっぷりまとったショコラのクレープの中には、2種
のショコラのクレームと、食感の異なるパートやムラングが多
層構造に組みあげられている。ムラングに岩塩を加えること
でショコラのコクを深めるポイントに。

| ma biche | HIROSHI MURATA |

Cache Cache

| 2017AW カシュカシュ |

Expression des trois aspects de la figue
フィグの3つの個性を表現

ババロアにはイチジクのセミドライフィグを加え、やや粒感が残る程度にブレンダーをかけるのがポイント。ピスタチオのパンドジェンヌのねっちり感、クリーミーで口どけのよいムースとババロアのバランスが絶妙。各層の食感と厚みを熟考し、3層をバランスよく仕上げた。

Ingrédients. Comment faire [330×78mm×6本分]

a. パウンド ジェンヌ ピスターシュ

[480×330mm天板 1枚分]

A	ピスタチオプードル	300g	B	薄力粉	125g
	アーモンドプードル	100g		ベーキングパウダー	4g
	粉糖	335g		バター	225g
	全卵	520g			

1. Aの材料を合わせてしっかり泡立てる。

2. Bを加えて溶かしたバターを混ぜ合わせる。

3. 天板に流し165℃のオーブンで25分~焼成する。

b. フィグのババロア

A	牛乳	490g		粉ゼラチン	21g
	生クリーム(35%)	480g		水	100g
	バニラペースト	5g	B	セミドライイチジク	250g
	卵黄	250g		カルバドス	86g
	グラニュー糖	180g		生クリーム(35%)	980g

1. Aの材料を鍋に入れて沸騰させる。

2. 卵黄にグラニュー糖を加えて白っぽくなるまで混ぜ、①を加えて80℃まで加熱して水100gで戻した粉ゼラチンを加える。

3. ②が40℃まで冷めたらBを加えてブレンダーにかける。

4. ③を15℃まで冷やし、泡立てた生クリームと合わせる。

c. コンフィチュール フィグ

イチジクピューレ	500g	ペクチン	7g
グラニュー糖	350g	レモン汁	10g

1. すべての材料を鍋に入れて火にかけ、2分間炊き上げる。

d. ピスタチオ キャラメリゼ

グラニュー糖	140g	ピスタチオ	250g
バター	8g		

1. 鍋にグラニュー糖を入れ、火にかけてキャラメルを作る。そこにバター、ローストしたピスタチオを加えてキャラメリゼする。

e. マロンムース

牛乳	480g		粉ゼラチン	20g
卵黄	170g		水	100g
グラニュー糖	72g	A	卵白	115g
パートドマロン	480g		グラニュー糖	240g
ラム酒	120g		水	65g
			生クリーム(35%)	477g

1. 牛乳を鍋に入れて沸騰させる。

2. 卵黄にグラニュー糖72gを入れ白っぽくなるまで混ぜ、①を加えて80℃まで加熱し、水100gで戻した粉ゼラチンを加える。

3. ②が40℃に冷めたらパートドマロン、ラム酒を加えてブレンダーにかけ、20℃まで冷ます。

4. Aでイタリアンメレンゲを作る。水とグラニュー糖240gを鍋に入れて117℃まで煮詰める。卵白を軽く泡立て、そこに熱いシロップを少しずつ注いでしっかり泡立てる。冷蔵庫で5℃まで冷やしておく。

5. 泡立てた生クリームと④を軽く合わせ、③と混ぜ合わせる。

f. ピスタチオ メレンゲ

A	卵白	150g	B	グラニュー糖	68g
	グラニュー糖	18g		ピスタチオプードル	45g
	粉糖	113g		粉糖	45g

1. Aの材料を撹拌してメレンゲを作り、さらにBを加えて混ぜ合わせる。

2. 天板に①を絞り出し、90℃のオーブンで30分、次に130℃に上げて1時間焼成する。

g. パータグラッセ

※ 材料・作り方はP.119参照(アーモンドは不使用)

Montage

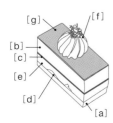

1. [a]の生地の上に [e]のムースを半量流し、[d]のピスターシュを散らして [c]コンフィチュールを絞る。

2. ①の上から[b]ババロアを流し、冷凍する。

3. [g]パータグラッセを流しかけ、型から外してカットし、[f]メレンゲを飾る。

Ingrédients, Comment faire

a. パータブリゼ

※ 材料、作り方は P.108 参照

1. φ100×22mm のセルクルに敷き込んで、180℃の
   オーブンで30分空焼きし、冷ましておく。

b. クレームダマンド

※ 材料、作り方は P.108 参照

c. クレームパティシエール

クレームパティシエール	〈クレーム オ ブール〉	
‥‥‥‥‥‥ 100g	A グラニュー糖 ‥ 100g	
クレーム オ ブール	水 ‥‥‥‥‥ 30g	
‥‥‥‥ 10g(仕様)	卵黄‥‥‥‥‥ 80g	
	発酵バター ‥‥‥ 180g	
	バニラエッセンス ‥‥‥2g	

1. クレーム オ ブールを作る。Aを鍋に入れて沸騰させ、
   115℃のシロップを作る。

2. ①と卵黄を合わせ、しっかり泡立てる。

3. ②が25℃になったら発酵バター、バニラエッセンスを
   加えて混ぜる。

4. クレームパティシエール(※材料・作り方は P.108 参
   照)とクレーム オ ブールをしっかり混ぜ合わせる。

d. ムースショコラオレ　　　　　[φ3.5cm 60個分]

牛乳‥‥‥‥‥ 185g	コニャック ‥‥‥ 60g
粉ゼラチン ‥‥‥‥5g	ミルクチョコレート 360g
水 ‥‥‥‥‥ 25g	生クリーム(35%) 500g

1. 牛乳を鍋に入れて沸騰させ、水で戻した粉ゼラチン
   を加える。

2. チョコレートと①を混ぜ合わせてしっかり乳化させ、
   コニャックを加える。

3. ②が27℃になったら泡立てた生クリームを加えて混
   ぜ合わせる。

e. カシスペースト

カシスピューレ ‥ 200g	寒天(ルカンテンウルトラ)
グラニュー糖 ‥‥ 200g	‥‥‥‥‥‥‥‥ 12g

1. すべての材料を鍋に入れ沸騰させる。

2. ①を冷やし、固まったらブレンダーにかけ、ペースト状
   にする。

f. ムラングカシス

A グラニュー糖 ‥ 100g	[e]のカシスペースト
水 ‥‥‥‥‥ 30g	(メレンゲに対して20%加える)
卵白‥‥‥‥‥ 60g	‥‥‥‥‥‥‥‥ 35g
	粉糖‥‥‥‥‥‥ 適量

1. イタリアンメレンゲを作る。Aを鍋に入れて沸騰させ、
   117℃まで煮詰める。

2. 卵白を軽くを泡立てる。

3. ②に①のシロップを少しずつ流し入れ、さらに中低
   速でしっかりと泡立てる。

4. ③とカシスペースト35gを軽く混ぜ合わせる。

5. ④のうちトッピング用のメレンゲを天板に絞って粉糖
   をふり、240℃のオーブンで1分焼成し、冷ましておく。

g. ガルニチュール

イチゴ ‥‥‥‥‥ 15粒	ブルーベリー ‥‥ 60粒
フランボワーズ ‥ 30粒	

1. イチゴは1/4カットに、フランボワーズは1/2カット
   にし、すべての材料を合わせる。

Montage

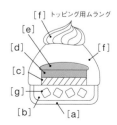

1. [a]のパータブリゼに[b]のクレームダマンド25g、[g]ガルニチュールをのせ、
   165℃のオーブンで 35分〜焼成する。

2. ①の上に[c]のパティシエール25gを絞り、
   [d]ムース、[e]カシスペースト5gの順で上にのせ、冷凍する。

3. ②の上から[f]の残りのムラング生地を塗り、ガスバーナーであぶって焼き色をつける。

4. [f]のトッピング用のムラングを飾る。

Consistance

Meringue,
chocolat et impact de l'acidité

メレンゲ＋ショコラ、そして酸味のインパクト

極上のザクザク感が持ち味のブリゼに、シェフ好み
のカシス・メレンゲを合わせて。表面には焦しを入れ
て、香ばしさのアクセントを。中に潜ませたクリーミー
なショコラ・ムースは、フリュイ・ルージュと出会うこ
とでジューシーな酸味と複雑味を醸し出す。

Onctueuse

| 2018AW オンクチューズ |

Crème légère,
présence du rôle principal

クレームレジェール〜主役級の存在感

カルバドスを効かせた水分量が多くやわらかなクレーム
にイタリアンメレンゲを加えることで、軽くなめらかな口
どけに。カカオニブをローストしてアンフュゼしたなめら
かなババロワとともに、濃厚なショコラ、クレームのマリ
アージュを存分に堪能できる。

Ingrédients. Comment faire　　　[38個分]

a. ビスキュイショコラ　　　[60×40mm 38枚分]

A	チョコレート(56%)	620g	C	卵白 ………	400g
	発酵バター ……	670g		グラニュー糖 ‥	270g
B	卵黄 ………	270g		薄力粉 ………	135g
	グラニュー糖 ‥	160g			

1. Aを45℃に溶かし、Bを加えしっかりと混ぜる。

2. Cを撹拌してメレンゲを作り、①と混ぜ合わせ、薄力粉を加える。

3. 天板に流し、160℃のオーブンで20分~焼成する。

b. パートシュクレショコラ

バター ………	340g	アーモンドプードル	225g
粉糖 ………	225g	薄力粉 ………	415g
塩 ………	3g	カカオプードル ……	40g
全卵 ………	70g		

1. バターをクリーム状にし、粉糖と塩を加えて混ぜる。

2. 卵を少しずつ加えて混ぜ、薄力粉、アーモンドプードル、カカオプードルを加えて混ぜる。

3. なめらかになったら冷蔵庫で1日寝かせる。

4. ③を2.5mmの厚さに伸ばし、φ70mmのセルクルで抜き、160℃のオーブンで20分~焼成する。

c. クレームキャフェ　　　[φ35mm 18個分]

生クリーム(35%)	225g	粉ゼラチン ………	5g
A	卵黄 ………	64g	水 ………	25g
	グラニュー糖 ……	60g	コーヒー豆(粉末状) ……	8g

1. 生クリームを鍋に入れて沸騰させ、コーヒー豆を加えてふたをし、3分間蒸らす。

2. ①を裏漉し、225g計って鍋に入れ、Aを加えて80℃まで加熱する。

3. 水で戻した粉ゼラチンを加えてから冷まし、型に流して冷やし固める。

d. カルバドスのババロア　　　[φ66mm 38個分]

牛乳 ………	220g	粉ゼラチン ………	11g
生クリーム(35%)	220g	水 ………	54g
A	卵黄 ………	113g	生クリーム(35%)	440g
	グラニュー糖 ……	147g	グリエドカカオ ‥	114g
	バニラペースト ……	4g	カルバドス ………	30g

1. 160℃のオーブンでグリエドカカオをしっかりとローストする。

2. 合わせておいた牛乳と生クリームに①を加えてふたをし、香りを引き出す。

3. Aの材料を白っぽくなるまで混ぜ、②を注ぎ入れる。

4. ③を鍋に入れて弱火にかけ、80℃まで加熱し、クレームアングレーズを炊く。

5. ④に水54gで戻したゼラチンを加えて裏漉し、40℃まで冷ます。

6. ⑤にカルバドスを加えて15℃まで冷やし、泡立てた生クリームと合わせる。

e. クレームレジェール

A	グラニュー糖 ‥	100g	卵白 ………	60g
	水 ………	30g	生クリーム(42%)	200g
			カルバドス ………	8g
			バニラペースト ……	3g

1. Aの材料を鍋に入れて沸騰させ、117℃まで煮詰める。

2. 卵白を泡立てる。

3. ②に①のシロップを少しずつ流し入れ、さらにしっかりと泡立ててから冷蔵庫で冷やしておく。

4. 泡立てた生クリームにカルバドス、バニラペーストを加え、③ 70gと軽く混ぜ合わせる。

f. パータグラッセ

| パータグラッセ ‥ | 230g | 太白ごま油 ……… | 45g |
| ショコラ(61%) …… | 90g | アーモンドダイス1/16 適量 | |

1. すべての材料を混ぜ、40℃に溶かす。

Montage　　　《デコール》ココアパウダー、金箔 各適量、飾りチョコレート(φ35mm) 38枚

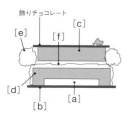

1. [d]のババロアをφ66mmの型に流し入れる。
[a]ビスキュイをφ60mmの抜き型で抜き、[d]の上に被せて冷やし固める。

2. ①のババロアを[f]のパータグラッセでコーティングする。

3. [b]パートシュクレの上に②を置き、[c]を重ねる。

4. [c]のまわりに[e]のクレームを絞り、飾りチョコレートを被せてココアパウダーをふり、金箔を飾る。

119

Ingrédients. Comment faire

a. パータババ

［φ35mm 35個分］

A 強力粉 ······ 250g 　牛乳 ··········· 110g
　グラニュー糖 ···· 20g 　無塩バター ······ 68g
　インスタントドライイースト
　··········· 4.5g
　全卵 ······· 170g
　塩 ··········· 4g

1. Aの材料をミキシングボールで混ぜ合わせ、牛乳を少しずつ加えて、グルテンをしっかりと作る。

2. ①にポマード状のバターを加えてムラなく混ざったら、型に絞り入れる。

3. ②が8分目まで発酵して膨らんだら170℃のオーブンでしっかり色がつくまで焼成する。

b. コンポートアナナス

A 水 ········· 1000g 　パイナップル ····· 1個
　グラニュー糖 ·· 200g
　トレハロース ·· 100g
　スターアニス ···· 2片

1. Aの材料を鍋に入れて沸騰させ、シロップを炊く。

2. ①に1/8にカットしたパイナップルを入れ、透明になるまで炊く。

c. マンゴーソース

マンゴーピューレ·· 500g 　キルシュ ········· 15g
グラニュー糖 ···· 100g

1. すべての材料を混ぜ合わせる。

d. クレームキルシュ

クレームパティシエール 　キルシュ ········· 8g
············· 100g

※ クリームパティシエールの材料、作り方は P.108 参照

1. 材料を混ぜ合わせる。

e. ジュレ

コンポートアナナスの 　カラギーナン（パールアガー8）
シロップ ······· 200g 　··············· 2g

1. [b]のシロップを鍋で沸騰させ、カラギーナンを加えて混ぜ、冷蔵庫で冷やしておく。

f. シャンティーショコラ

生クリーム（42%）·· 100g 　ガナッシュ ······ 150g
グラニュー糖 ······ 80g

※ ガナッシュの材料、作り方は P.123 参照

1. 生クリームにグラニュー糖を加えて泡立てる。

2. 28℃に調温したガナッシュを加えて軽く混ぜ合わせる。

Montage

《デコール》ラム酒 10g / 1個

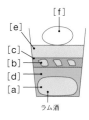

ラム酒

1. [a]の生地を厚さ2cmにカットし、温めた[b]のシロップに浸す。

2. 器に①を入れ、ラム酒10g〜を入れ、[d]のクレーム 30gを絞り入れる。

3. 短冊切りした[b]コンポートと[c]のソースを合わせた38gを和え、②の上にのせる。

4. [e]のジュレ35gを流し入れ、[f]のクレーム20gをトッピングする。

海辺の街のパティスリー・ロカーレ

料理人として食の世界に入り、その後パティシエに転向。神戸のフランス菓子の名店、東京の野菜スイーツ専門店と経験を重ねた奥田義勝シェフ。2014年、神戸市郊外にある海辺の風光明媚な街に、ローカルに根差したパティスリー「アグリコール」（仏語で農業を意味する）を開業。そのユニークなキャリアから生み出す、野菜に特化したオリジナルなスイーツに彼ならではの個性が光る。住宅街にある本店に加え、近年は利便性の高い駅近にも2号店を出店し、成長を続けている。「オリジンコウベで尊敬できる先輩方と一緒になって、"洋菓子の街・神戸"を盛り上げていくことが、自分がお菓子を作る意味であり、使命です」と語っている。

【アグリコール】奥田義勝
1975年岐阜県生まれ。イタリア料理を中心にレストランで西洋料理を学んだあと、パティシエに。「御影高杉」「パティスリーモンプリュ」にてフランス菓子を中心に学び、東京へ。有機野菜スイーツ専門店「ポタジェ」で野菜スイーツを学ぶ。2014年、独立。神戸市の郊外・垂水区に「パティスリー アグリコール」を開業。2016年には同じ垂水区内に2号店をオープン。

Essence

| 2015AW エサンス |

Sphère exotique
エキゾチックな球体

クレーム・トロピックはライムとパッションに濃縮オレンジをプラスし、より南国っぽいフレーバーに。ピューレは単体ではなくブレンドすることで、目指すテイストを生みだす。バニラが芳醇に香るほわっとクリーミーなババロアには、自家製オレンジペーストで苦みのアクセントを。

Ingrédients, Comment faire

a. パート・サブレ　　　　　[φ70mmミラソン型 約70個分]

バター	450g	卵黄	120g
塩	5g	薄力粉	750g
粉糖	245g		

※作り方はP.128参照

b. クリスティヤン・プラリネ・フィヤンティーヌ　[92g 9個分]

| フィヤンティーヌ | 32g | チョコレート(68%) | 20g |
| プラリネノワゼット | 20g | ミルクチョコレート(40%) | 20g |

1. チョコレートを湯煎で溶かし、プラリネ、フィヤンティーヌと合わせる。

c. アパレイユ・ショコラ　　　　　[214g 9〜10個分]

卵黄	33g	牛乳	36g
グラニュー糖	10g	チョコレート(68%)	32g
カソナード	3g	ミルクチョコレート(40%)	32g
生クリーム(35%)	68g		

1. 卵黄、砂糖類、生クリーム、牛乳でクレーム・アングレーズを炊く。(作り方P.137ベースアングレーズ参照)
2. ①をチョコレートと合わせ乳化させる。

d. クレーム・トロピック　［φ40×h20mm型 約80個分］

コンサントレオレンジ		グラニュー糖 ‥‥‥ 400g
（キャップフルイ）‥ 400g		粉ゼラチン ‥‥‥‥ 33g
エキゾチックピューレ		ソミュール ‥‥‥‥ 90g
（ボワロン）‥‥‥ 600g		生クリーム（35%）540g
卵黄‥‥‥‥‥‥ 360g		バター ‥‥‥‥‥ 280g

1. コンサントレオレンジとエキゾチックピューレ、卵黄、グラニュー糖を鍋に入れ、炊き上げる。

2. ゼラチン、生クリーム、バター、ソミュールを①に入れブレンダーで乳化させる。

3. ②をφ40×h20mmのシリコン型に30gずつ流し入れ、冷蔵庫で冷やし固める。

e. ムース・ヴァニーユ　［φ60×h30mm型 約32個分］

牛乳‥‥‥‥‥‥‥ 95g		粉ゼラチン ‥‥‥‥‥4g
卵黄‥‥‥‥‥‥‥ 95g		生クリーム（38%）510g
全卵‥‥‥‥‥‥‥ 27g		バニラ ‥‥‥‥‥‥ 適量
グラニュー糖 ‥‥‥ 54g		

1. 牛乳、卵類、グラニュー糖、バニラを鍋に入れ、炊き上げる。

2. ①にゼラチンを入れバーブレンダーでしっかり液状にする。

3. 30℃ほどに冷ました②を泡立てた生クリームと合わせる。

4. ③をφ60×h30mmのドーム型シリコンに絞った上から、[d]クレーム・トロピックを入れる。

※ このとき、クレーム・トロピックをドーム型の底に真っ直ぐ沈めるようにセットする。
そうすればムース・ヴァニーユをドーム型から抜いたときにクレーム・トロピックの底面の丸い形が透けて見え、"輪っか"の模様がつく。

f. ダコワーズ　［600×400mm天板1枚 約60〜66個分］

卵白‥‥‥‥‥‥ 432g		アーモンドプードル 260g
グラニュー糖 ‥‥‥ 200g		薄力粉‥‥‥‥‥‥ 32g

1. 卵白、アーモンドプードルはあらかじめ冷やしておく。

2. 卵白とグラニュー糖でメレンゲを立て、粉類と合わせる。

3. シートを敷いた天板に②の生地を伸ばし広げ、180℃のオーブンで10分焼成する。

4. 抜き型5番で抜き、[e]ムース・ヴァニーユの上に置く。

オレンジコンポート　［オレンジペースト5回分］

オレンジ ‥‥‥‥‥ 1個		グランマルニエ ‥‥ 40g
グラニュー糖 ‥‥‥ 100g		

1. オレンジを皮ごと、中に浸透するまで茹でる。

2. オレンジの種やヘタを取り除き、バーブレンダーで細かく潰す。

3. ②にグラニュー糖を入れ、火にかけ余分な水分を飛ばす。

4. グランマルニエを合わせる。

g. オレンジペースト　［140g 約10個分］

オレンジコンポート 84g		グランマルニエ ‥‥ 28g
オレンジラメル ‥‥ 28g		

1. オレンジラメルを刻み、すべての材料を合わせる。

h. プラリネノワゼット　［50〜55個分（1個2粒使用）］

ヘーゼルナッツ ‥ 100g		水‥‥‥‥‥‥‥‥ 20g
グラニュー糖 ‥‥‥ 80g		

1. 水とグラニュー糖を火にかけ、108℃くらいまで煮詰める。

2. ②にヘーゼルナッツを加え、砂糖を結晶化させ、少しキャラメル色になるまで混ぜる。

Montage

《デコール》バニラペースト、ナパージュ（スブリモヌートル）各適量

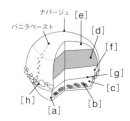

1. [a]パート・サブレに[b]クルスティアン・プラリネ・フィヤンティーヌを10g詰める。

2. [c]アパレイユ・ショコラを[a]のサブレの9分くらいまで流す。

3. ②の上に[g]オレンジペーストを14gのばす。

4. [d]クレーム・トロピックと[f]ダコワーズを仕込んでおいた[e]ムース・ヴァニーユを型から外し、バニラペーストを小パレットでムースの表面に上から下へすべらせる。

5. 軽く電子レンジで温めたスブリモヌートルを④にかける。

6. ③の上に⑤を置き、間に刻んだ[h]プラリネノワゼットを飾る。

Ingrédients. Comment faire

a. パート・サブレ　　[φ60mmミラソン型 約80個分]

バター	450g	卵黄	120g
塩	5g	薄力粉	750g
粉糖	245g		

1. バター、塩、粉糖、卵黄をビーターで混ぜ合わせ乳化させる。
2. 薄力粉を合わせ、冷蔵庫で一晩寝かせる。
3. ②の生地を3mmの厚さに伸ばしてφ70mmのミラソン型に敷きこむ。
4. ③の生地にシートを敷き、重石を入れてから180℃のオーブンで25分焼成する。

b. アパレイユ・フロマージュ・オ・キャラメル
[約23個分]

生クリーム(42%)	200g	水あめ	70g
グラニュー糖	60g	クリームチーズ	220g
トレハロース	50g	バーズキャラメル	130g
蜂蜜	67g		

※グラニュー糖150に対し、生クリーム(42%)100の割合

1. バーズキャラメルを作る。まず鍋にグラニュー糖を入れて加熱し、カラメルを作る。さらに温めた生クリームを加えて混ぜ合わせ火を止める。
2. 生クリーム、グラニュー糖、トレハロース、蜂蜜、水あめを一緒に煮詰める。
3. ②にバーズキャラメルとクリームチーズを合わせブレンダーで乳化させる。

c. ジュレ・ド・パッション・エ・アネット　　[205g 40個分]

パッションピューレ	150g	アネット	適量
グラニュー糖	50g	色粉(黄)	適量
LMペクチン	5g		

1. パッションピューレ、グラニュー糖、ペクチンを火にかけジャム状にする。
2. アネットと色粉を①に加え、バーブレンダーをかけ整える。

d. クレーム・フロマージュ・オ・レジェール
[12~14g 10個分]

クリームチーズ	16g	生クリーム(38%)	50g
グラニュー糖A	7g	生クリーム(42%)	50g
ソミュール	2g	グラニュー糖B	7g
粉ゼラチン	1g		

1. 38%と42%の生クリームを同割で合わせ、7%加糖したクレームシャンティーを用意しておく。
2. 湯煎でゼラチンを溶かす。
3. クリームチーズとグラニュー糖A、ソミュールを合わせ、②を加えて混ぜ合わせる。
4. しっかり泡立てた①と③をさっくり合わせる。

Montage

《デコール》ミルクチョコレート(40%)、飾り用のチョコレート各適量、スブリモ(ナバージュ)205g、クルミ(グルノーブル)1.5粒、ラムレーズン6粒(※ネグリタ・ダークラム44°で漬け込んでおく)

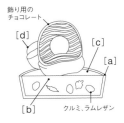

飾り用のチョコレート
[d]
[c]
[a]
[b]
クルミ、ラムレザン

1. [a]パートサブレの内側に湯煎で溶かしたミルクチョコレートをうすく塗る。
2. ①にクルミとラムレーズンを敷き詰め、[b]アパレイユ・フロマージュを上まで詰める。
3. [c]ジュレ・ド・パッション・エ・アネットに同割のスブリモを合わせる。
4. ③を②の上に塗り、サントノーレの口金で[d]クレームフロマージュを絞り、飾り用のチョコレートをのせて仕上げる。

Cache Cache

| 2017AW カシュカシュ |

Cache cache d'automne
ドートンヌ "秋に華やぐ展覧会"

イチジクのペーストが、ムースにもサブレにもかくれんぼ。イチジクの滋味深い香味をグリオットの酸味で底上げし、スパイシーに香りたつキャトルエピスとシナモンが余韻を引き締める。見た目からは想像できない様々なフレーバーや香りを忍ばせ、テーマの3素材を際立たせる。

| pâtisserie Agricole | YOSHIKATSU OKUDA |

Consistance

| 2018SS コンシスタンス |

Eclair parfumé
フランボワーズ香るエクレア

テーマが生地なので、パータシューを使い普段作らないエクレアに
チャレンジ。卵を多めに加え、外はパリっと中はしっとりとした食感
のコントラストに注力。塩をしっかりと効かせ存在感を増す。カソナ
ードでコク深い味わいに仕上げたサブレには、プリンターで模様を
描きオリジナリティをプラスしている。

Ingrédients, Comment faire

a. パータ・シュー

[約50個分]

水	420g	塩	6g
牛乳	420g	薄力粉	258g
バター	336g	強力粉	258g
グラニュー糖	16g	全卵	970g

1. 水、牛乳、バター、グラニュー糖、塩を鍋に入れ沸騰させる。

2. 直前にふるった粉類を①に入れ素早くまとめる。

3. ②に全卵を4回ほどに分け合わせる。

4. シートを敷いた天板に③の生地を25×140mmに絞り、上から[b]サブレ・ルージュを薄く絞る。

5. ④を冷凍庫で休ませてから180℃のオーブンで約40分焼成する。

b. サブレ・ルージュ　　［約50〜55個分］

バター ………	350g	薄力粉 ………	400g
カソナード ……	400g	色粉(赤) ………	適量

1. すべての材料を混ぜ合わせる。

c. フランボワーズ・ペパン　　［966g 約65個分］

グラニュー糖A ‥	100g	LMペクチン ……	12g
水あめ ………	60g	グラニュー糖B ‥	134g
フランボワーズペパン	600g	レモン果汁 ……	60g

1. グラニュー糖Bと、ペクチンを合わせておく。

2. 鍋にグラニュー糖Aと水あめを入れて火にかけ、①を加え素早く混ぜる。

3. ②にフランボワーズペパンを入れ炊き込み、レモン果汁を入れる。

d. クレームショコラ・リーチ　　［1318g 約38個分］

ライチリキュール‥	110g	ミルクチョコレート(38%)	
ライチピューレ ……	60g	……	200g
生クリーム(42%)A	100g	チョコレート(68%) ‥	20g
転化糖 ………	39g	生クリーム(42%)B	750g
水あめ ………	39g		

1. 生クリームAと転化糖、水あめを鍋に入れ、火にかける。

2. ①とライチピューレをチョコレートと合わせ乳化させる。

3. ②にライチリキュールと生クリームBを合わせ24時間休ませる。

4. ③をしっかりと泡立てる。

e. サブレ・キャネル　　［30×140mm 約100個分］

バター ………	400g	全卵 …………	50g
塩 ……………	2g	薄力粉 ………	450g
粉糖 …………	250g	シナモンパウダー …‥	5g

1. バター、粉糖、塩をビーターで混ぜる。

2. ①に全卵を加え乳化させ、薄力粉とシナモンを合わせ生地を作る。

3. ②をベーキングペーパーで挟み、めん棒で薄く伸ばしてから冷凍庫で固める。

4. 30×140mm角にカットし160℃で12分焼成する。

f. アイシング　　［215g 約15個分］

粉糖 …………	180g	レモン果汁 ………	5g
卵白 …………	30g		

1. すべての材料を混ぜ合わせる。

g. クレームパティシエール・ピスターシュ　　［336g 約10個分］

〈クレームパティシエール〉		卵黄 ………	300g
1668.5g(300g使用)		グラニュー糖B ‥	124g
牛乳 ………	1000g	薄力粉 ………	36.5g
グラニュー糖A ‥	126g	強力粉 ………	30g
バニラ ………	2g	バター ………	50g

ピスタチオペースト 36g (クレームパティシエールの12%)

※ 作り方はP.139参照

Montage

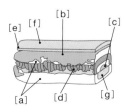

1. ［a］パータ・シューを上1/3で横にカットする。

2. ［a］パータ・シューの下2/3に［g］クレームパティシエール・ピスターシュを32g絞る。

3. ②に［c］フランボワーズペパンを14g絞る。

4. ③に［d］クレームショコラ・リーチを34g絞る。

5. ④に①でカットした上1/3の［a］パータ・シューをのせ、［f］アイシングを薄く塗った［e］サブレ・キャネルを接着する。

Craquement

| 2019AW クラックモン |

Jivara rhum aux raisins

ザクザクは、ジヴァラのコクとラムの香りと共に

砂糖をクランブルの倍量加えたシュクルクランブルで、ザクザク感を強調。十穀米のパフが穀物の香りを添える。さとうきび繋がりでラム酒と相性のよいカソナードをふって焼くことで、コク味と独特の深い香りをプラス。見た目の無骨さと力強い食感とは対照的な、繊細な香りの余韻が印象的だ。

Ingrédients. Comment faire

a. ビスキュイ・ショコラ・オ・レザン

[600×400mm天板1枚 91個分]

卵白	360g	生クリーム(35%)	100g
アーモンドプードル	250g	チョコレート(58%)	100g
粉糖	200g	セミドライレーズン	200g
コンスターチ	20g		

1. 卵白に粉糖を合わせ混ぜる。

2. ①にアーモンドプードル、コンスターチを合わせる。

3. 生クリームとチョコレートを温めて、②と合わせる。

4. ③をシートを敷いた天板に伸ばし、レーズンを上面に散らしてから160℃のオーブンで17分焼成する。

c. アンビバージュ　［80個分］

| ボーメ30°のシロップ 132g | キルシュ（アルザス） ‥ 40g |
| アマレナシロップ　120g | |

1. すべての材料を合わせる。

d. サブレカカオ　［約80〜100個分］

※ 材料、作り方はP.131参照

※ ③で型抜きする際φ50mmの丸型で抜く。

e. シャンティーキルシュ　［約10個分］

| 生クリーム（38%）‥ 50g | グラニュー糖 ‥‥‥‥7g |
| 生クリーム（42%）‥ 50g | |

※38%、42%の生クリームは同割、7%加糖

キルシュ（アルザス）‥ 10g
（生クリームの10%）

1. 生クリームとグラニュー糖でクレームシャンティーを
　作る。

2. ①とキルシュを合わせる。

f. ビスキュイ・ショコラ・キュイエール
　　　［600×400mm天板2枚 抜き型5番 130個分］

卵黄‥‥‥‥‥‥ 288g	薄力粉‥‥‥‥‥‥ 200g
グラニュー糖A‥ 192g	カカオプードル
卵白‥‥‥‥‥‥ 482g	（カカオバリー）‥‥‥ 60g
グラニュー糖B‥ 232g	生クリーム（35%）‥ 72g

1. 卵黄とグラニュー糖Aをあわせ、泡立てる。

2. 卵白にグラニュー糖Bを3回に分け入れながら、泡立
　てる。

3. ②に①をあわせ、粉類をゆっくり入れながら混ぜ、温
　めた生クリームを入れる。

4. シートを敷いた天板に③の生地を流し入れ、160℃
　のオーブンで12分焼成する。

g. グラサージュ・ショコラ　［約22個分］

牛乳‥‥‥‥‥‥ 140g	ミルクチョコレート（40%）
水あめ‥‥‥‥‥ 54g	‥‥‥‥‥‥ 200g
粉ゼラチン‥‥‥‥‥4g	

1. 牛乳と水あめを温め、ゼラチンを溶かす。

2. ①とチョコレートを合わせ、乳化させる。

h. ソースグリオット　［約10個分］

| グリオットピューレ ‥ 60g | ジュペ・ヴァン・ムスー |
| キルシュ（アルザス）‥ 12g | ‥‥‥‥‥‥‥‥‥ 30g |

1. すべての材料を合わせる。

Montage　　　《デコール》アメリカンチェリー 1/2粒ずつ、飾り用チョコレート 適量

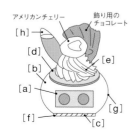

アメリカンチェリー
飾り用の
チョコレート
［h］
［d］
［b］
［a］
［e］
［f］
［g］
［c］

1. ［b］ムースショコラをシリコン型に絞り、［a］キルシュのババロアをセンターに入れる。

2. 5番の丸の抜型で抜いた［f］ビスキュイに、
　［c］アンビバージュをうち、①にかぶせて冷やし固める。

3. ②に［g］グラサージュ・ショコラをかけて［d］サブレカカオをのせ、
　［e］シャンティーキルシュを絞る。

4. スポイトに入れた［h］ソースグリオット、1/2にカットしたアメリカンチェリー、
　飾り用チョコレートで仕上げる。

L'atelier de Massa
MASATSUGU UEDA

Ingrédients. Comment faire [φ68×h50mm バベル型 10個分]

a. ビスキュイ・サッシャー　　　[φ50mm 10個分]

バター ・・・・・・・・・・	40g	チョコレート(70%) ・・	36g
グラニュー糖 ・・・・・	25g	タンブルタン※ ・・・・	24g
卵黄・・・・・・・・・・・	30g	卵白・・・・・・・・・・・・	60g
全卵・・・・・・・・・・・	15g	薄力粉 ・・・・・・・・・	24g

※アーモンドプードルを砂糖と同比で混ぜ合わせたもの

1. 室温に戻したバターにグラニュー糖を入れしっかりと立てる。

2. 分離しないように卵を2~3回に分けて①に入れ、立てる。

3. ②に湯煎で溶かしたチョコレートを入れ、タンブルタンを入れて立てる。

4. 卵白を泡立ててメレンゲを作り③に入れる。さらに薄力粉を加えて混ぜる。

5. ④を10mmの厚さのシート状に伸ばして、180℃のオーブンで20~22分焼く。

6. 焼き上がったら、φ50mmの抜き型で抜く。

b. クレーム・シトロン・ヴァニュー
　　　　　　　　　　[φ30×h15mm 10個分]

全卵・・・・・・・・・・・	50g	バニラビーンズ ・・	0.5本
グラニュー糖 ・・・・・	52g	板ゼラチン ・・・・・・・・	1g
レモン汁 ・・・・・・・	35g	バター ・・・・・・・・・	70g
レモンの皮 ・・・・・・・	2g		

1. 全卵、グラニュー糖、レモン汁、レモンの皮、バニラビーンズを鍋に入れ火にかける。

2. ①にとろみがついたら、ふやかしたゼラチンを入れる。

3. 室温に戻したバターを②に入れ、ブレンダーでしっかりと混ぜる。

4. φ30×h15mmの型に③を流し入れ、冷凍庫で固める。

c. フィヤンティーヌ　　　[φ50×h3mm 10個分]

チョコレート(33%) ・・	60g	パユテ・フォティヌまたは	
プラリネノワゼット ・・	90g	ロイヤルティーヌ ・・・・	75g

1. すべての材料をボウルに入れ、湯煎で溶かす。

2. 3mmの厚さに伸ばし、冷凍庫で冷やす。

d. クレムー・ショコラ
　　　　　　　　　　[φ68×h50mm バベル型 10個分]

生クリーム(35%)A ・・	60g	チョコレート(56%)	160g
卵黄・・・・・・・・・・・	60g	生クリーム(35%)B	270g
グラニュー糖 ・・・・・	32g		

1. クレーム・アングレーズを作る。まず生クリームAを火にかけ80℃位まで温める。

2. 卵黄とグラニュー糖を白っぽくなるまで混ぜてから①に加える。

3. とろみがつくまで②を温めたら、60℃位に冷やす。

4. 湯煎で溶かしたチョコレートと③を合わせる。

5. ゆるめに泡立てた生クリームBと④を合わせる。

e. ピストレ　　　　　　　[87g 10個分]

チョコレート(56%) ・・	50g	カカオペースト ・・・・	12g
カカオバター ・・・・・・	25g		

1. すべての材料をボウルに入れ、湯煎で40~45℃に温める。

Montage　　　　　　《デコール》レモンピール、ローストしたヘーゼルナッツ、金箔 各適量

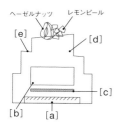

1. バベル型に[d]クレムー・ショコラを流す。

2. 型から取り出した[b]クレーム・シトロン・ヴァニューを①に入れる。

3. [c]フィヤンティーヌを②に入れて、[d]クレムー・ショコラを型の上まで流す。

4. [a]ビスキュイ・サッシャーを③にのせ、ふたをする。

5. ④を冷凍庫でしっかりと冷やし固める。固まったら型から抜き、[e]ピストレをかける。

6. レモンピールやローストしたヘーゼルナッツ、金箔をバランスよく飾る。

Ingrédients, Comment faire　　　［10個分］

a. ビスキュイ・マカロン
［φ65mm ドーナツ状 / 渦巻状 各10個分］

アーモンドプードル ・・	85g	グラニュー糖 ・・・・・	85g
粉糖 ・・・・・・・・・	85g	水 ・・・・・・・・・・	22g
卵白A ・・・・・・・・・	34g	カカオプードル ・・・・	適量
卵白B ・・・・・・・・・	32g		

1. アーモンドプードル、粉糖、卵白Aをボウルに入れて混ぜる。
2. グラニュー糖と水を鍋に入れ、120℃まで煮詰める。
3. 別のボウルで卵白Bを混ぜ始め、メレンゲを作る。（②が100℃くらいのとき）
4. ②を③のボウルに入れ、人肌くらいの温かさになったら①に加える。
   なめらかになるまでマカロナージュ※する。
5. ④の生地を10mmの口金で2種類の形に絞る。（φ65mmの渦巻状 / φ65mmのドーナツ状）
6. 表面が乾く前にカカオプードルをかけて、30分程乾かす。
7. 150℃のオーブンで15〜18分焼く。

※ マカロナージュ
　 ゴムベラまたはカードを使って、メレンゲの気泡をつぶすイメージで練るようにして混ぜること。生地にツヤが出て、すくったときリボン状にゆっくり垂れるぐらいの状態が目安。

b. グラサージュ・ダマンド
［196g 10個分］

チョコレート（39%）	100g	なたね油 ・・・・・・・・	16g
パータグラッセ ・・・・	60g	ローストアーモンド ・・	20g

1. ボウルにすべての材料を入れて、湯煎で溶かす。

c. クレムー・ショコラ・フリュイ・サレ
［φ65×h15mm 10個分］

生クリーム（35%）A ・・	30g	生クリーム（35%）B	135g
グラニュー糖 ・・・・・	16g	アプリコット ・・・・・	10g
卵黄 ・・・・・・・・・	30g	クランベリー ・・・・・	10g
チョコレート（56%）・・	80g	ヌガチン ・・・・・・・・・	5g

1. 生クリームA・B、グラニュー糖、卵黄、チョコレートでクレムー・ショコラを作る。（※作り方P.147参照）
2. ①に細かく刻んだアプリコット、クランベリー、ヌガチンを加えて合わせる。
3. φ65×h15mmのセルクルに②を流し、冷凍する。

d. ヌガチン・グリュエカカオ
［106.5g 10個分］

牛乳 ・・・・・・・・・・	10g	グリュエ・ド・カカオ	
グラニュー糖 ・・・・・・	30g	（ヴァローナ）・・・・・・	30g
水あめ ・・・・・・・・・	10g	NHペクチン ・・・・・・	0.5g
バター ・・・・・・・・・	25g	フルール・ド・セル ・・・・	1g

1. 牛乳、バター、水あめ、フルール・ド・セルを鍋に入れ沸騰させる。
2. グラニュー糖とペクチンを合わせて、①に入れ、再び沸騰させる。
3. グリュエ・カカオを②に入れて混ぜ合わせる。
4. シートを敷いた天板に③を流し入れ、厚さ3mmに伸ばしてから170℃のオーブンで15分焼く。

Montage　　　《デコール》セミドライ（アプリコット、クランベリー）、金箔 各適量

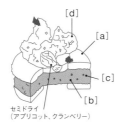
[d]
[a]
[c]
[b]
セミドライ
（アプリコット、クランベリー）

1. 固まった [c]クレムー・ショコラ・フリュイ・サレをセルクルから抜き、[b]グラサージュ・ダマンドをかける。
2. 渦巻状に絞った [a]ビスキュイ・マカロンにのせ、ドーナツ状の [a]ビスキュイ・マカロンでふたをする。
3. セミドライフルーツや [d]ヌガチン・グリュエカカオ、金箔などで華やかに飾る。

accent

| 2016 AW アクソン |

Auréole d'ange
天使の輪

全体のバランスやビジュアルを考え、マカロンをリング状に。セ
ミコンフィの爽やかな香味を閉じ込めたエサンスよりも濃厚な
ムースショコラを、緩やかな曲線美のマカロンでサンド。無造作
に割ったヌガチンを立体的に飾り、優雅な造形美を追求する。

| L'atelier de Massa | MASATSUGU UEDA |

Cache Cache

| 2017AW カシュカシュ |

Bâton au marron croustillant

マロンクランチバー

ブラウニーは、カカオ分66%に100%のカカオマスを混ぜることで
苦味とコクをプラスし濃厚に。遊び心を活かしたポップなフォルムが
子供に人気かと思いきや、大人かわいいと話題に。クッキーのクリア
ケースをムースの型に活用するという裏技も。

Ingrédients. Comment faire　　　[10個分]

a. ブラウニー　　　[10個分]

バター ・・・・・・・・・ 85g	カカオペースト ・・・ 35g
グラニュー糖 ・・・・ 150g	薄力粉 ・・・・・・・・・・ 50g
フルール・ド・セル ・・・1g	アーモンドプードル ・・ 10g
全卵・・・・・・・・・・・ 75g	セミドライいちじく ・・ 50g
転化糖・・・・・・・・・・5g	セミドライクランベリー 25g
ショコラ・オレ ・・・・・・ 25g	

1. 室温に戻したバターをポマード状になるまで混ぜ、グラニュー糖、フルール・ド・セルを合わせる。

2. 全卵に転化糖を加えて混ぜたものを2~3回に分けて①に加える。

3. 湯煎で溶かし35℃にしたショコラ・オレとカカオペーストを②に入れて素早く混ぜる。

4. 合わせておいた薄力粉とアーモンドプードルを③に入れる。

5. 細かく刻んだセミドライフルーツを④に入れ、均一に混ざったら、シートを敷いた天板に100×150mm角、20~25mmの厚さになるよう伸ばし広げ、170℃のオーブンで約20分焼く。

6. 焼きあがったら、天板のまま冷ます。

b. ムース・マロン　　　[φ50mm円柱型 60g 10個分]

牛乳・・・・・・・・・・ 200g	グラニュー糖 ・・・・・ 32g
マロンペースト ・・・・ 40g	板ゼラチン ・・・・・・・・・6g
マロンクリーム ・・ 100g	生クリーム(35%) 200g
卵黄・・・・・・・・・・・ 64g	ラム酒 ・・・・・・・・・・ 12g

1. 牛乳を鍋に入れ火をかける。

2. マロンペースト、マロンクリーム、卵黄、グラニュー糖をよく混ぜてから①に入れ、とろみがつくまで混ぜる。

3. ②に冷水でふやかしたゼラチンを入れ、混ぜ合わせ、25℃位に冷やす。

4. やわらかめに泡立てた生クリームとラム酒を②に加え、φ50mmの円柱の型に60gずつ流し入れてから冷蔵庫で冷やす。

5. 固まった④にアイス棒を刺し、冷凍庫で冷やす。

c. グラサージュ・ショコラ・オ・レ　　　[270g 10個分]

チョコレート(39%)　150g	なたね油 ・・・・・・・・・ 30g
パータグラッセ ・・・・ 90g	

1. ボウルにすべての材料を入れて、湯煎で溶かす。

Montage　　　《デコール》ピスタチオ、金箔 各適量

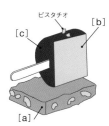

1. [a]ブラウニーを50×75mm角に切る。

2. [b]ムース・マロンを型から外してから、40℃位に温めた[c]グラサージュ・ショコラ・オ・レをかける。

3. ②が固まる前に、①の上に置き、ピスタチオを飾る。

4. 金箔を散らして完成。

Ingrédients. Comment faire　　[10個分]

a. パータ・シュー・ショコラ
[φ80mm/φ40mm 各10個分]

牛乳・・・・・・・・・・ 54g	バター・・・・・・・・・ 43g
水・・・・・・・・・・・・ 95g	薄力粉・・・・・・・・・・ 90g
グラニュー糖 ・・・・・3.6g	ココアパウダー ・・・ 10g
フルール・ド・セル 0.14g	全卵・・・・・・・・・・ 135g

1. 牛乳、水、グラニュー糖、フルール・ド・セル、バターを鍋に入れ火にかける。

2. ①が沸騰したら火を止めて、薄力粉とココアを入れ、ホイッパーでしっかりと混ぜる。

3. 木べらに持ち替えて、火にかけながら②がひとかたまりになるまで混ぜる。

4. 室温に戻した全卵を③に加え、混ぜる。全卵（分量外）を少量ずつ加えてなめらかになるよう生地の固さを調整する。生地を木べらですくい、逆三角形に垂れるぐらいの固さが目安。

5. ④の生地が温かいうちに、2種類の大きさ（φ80mmとφ40mm）に絞り、フォークで上部を押さえる。

6. 180℃のオーブンで35〜40分焼く。

b. クレーム・パティシエール・ショコラ
[583g 10個分]

牛乳・・・・・・・・・ 275g	薄力粉・・・・・・・・・・ 20g
卵黄・・・・・・・・・・ 35g	チョコレート(54%) ・・ 85g
グラニュー糖 ・・・・・ 18g	生クリーム(35%) ・・ 150g

1. 鍋に牛乳を入れ、火にかける。卵黄とグラニュー糖をすり混ぜて薄力粉を加え、温めた牛乳と合わせる。

2. ツヤが出るまでしっかりと①を炊き上げ、チョコレートを加え、混ぜ合わせる。

3. ②を裏漉ししながらボウルに移し、氷水で冷やす。

4. 生クリームを泡立てて、③と合わせる。

c. フォンダン・ショコラ
[220g 10個分]

フォンダン・レブ ・・ 100g	ボーメ30°のシロップ 60g
カカオペースト ・・・・ 60g	赤色素・・・・・・・・・・ 適量

1. ボウルにすべての材料を入れ、湯煎で温める。

Montage　　《デコール》クレームシャンティー、ラズベリー、プラチョコ(黒)※帽子と蝶ネクタイの形にしておく 各適量

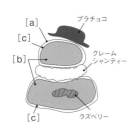

[a]　プラチョコ
[c]
[b]　クレームシャンティー
[c]　ラズベリー

1. φ80mmの[a]パータ・シュー・ショコラの底を丸型で抜き、[b]クリームを絞り入れ、ラズベリーを押し込み、ふたをする。練りながら人肌くらいに温めた[c]フォンダン・ショコラに浸ける。

2. φ40mmの[a]パータ・シュー・ショコラには、[b]クリームを絞り、①と同様に[c]フォンダン・ショコラに浸け、形を整える。

3. ②のフォンダンが固まる前に、帽子の形にしたプラチョコをおしゃれに被せ、冷蔵庫で冷やす。

4. フォンダンが固まったらクレームシャンティーをφ80mmのシュー生地に絞る。その上にφ40mmの生地をバランスよくのせ、プラチョコで作った蝶ネクタイを飾る。

Mer

| 2020SS メール |

Cadeau de l'île
島からの贈り物

海から夏の思い出を連想。大学時代キャンプリーダ
ーとして、1ヵ月間滞在していた小豆島をイメージ。名
産のオリーブオイルのムースはその香味をギュッと
閉じ込め、舌触りなめらか。中には、小豆島を代表す
るフルーツとして知られるいちごのクーリー。さらに
ココナッツで夏の香りをプラスした。

| L'atelier de Massa | MASATSUGU UEDA |

Montagne

| 2020AW モンターニュ |

Feuille d'automne
フイユ ドトンヌ "紅葉"

紅葉と銀箔の舞い散る雪で、秋から冬へと推移する山の姿を表現。
純白に煌く雪山をカットすると、鮮やかなピンク色のルビーチョコレートのムースが顔を覗かせる。さらに、ラズベリーの酸味と相性のよいダージリンという珍しい素材の組み合わせが、味わいに深みをもたらす。

Ingrédients. Comment faire [φ80mmドーム型 10個分]

a. ダコワーズ・アマンド　　　　[φ50mm 10個分]

卵白・・・・・・・・・・・ 55g	アーモンドプードル ‥ 35g
グラニュー糖 ・・・・・ 25g	粉糖・・・・・・・・・・・ 20g
薄力粉・・・・・・・・・ 15g	

1. 卵白を泡立てる。グラニュー糖を数回に分けて入れてよく泡立てる。

2. 合わせておいた薄力粉、アーモンドプードルと粉糖を①に加え、混ぜ合わせる。

3. 天板に②の生地を10mmの厚さのシート状に伸ばし、粉糖を2度がけする。

4. 170℃のオーブンで約18分焼き、粗熱が取れたらφ50mmの丸型で抜いておく。

b. ムース・テ・ノア　　　　[φ40mmドーム型 10個分]

生クリーム(35%)A ‥ 65g	板ゼラチン ・・・・・・・・6g
ダージリン ・・・・・・・・・3g	マスカルポーネ ・・・・ 75g
卵黄・・・・・・・・・・・ 12g	生クリーム(35%)B ‥ 75g
グラニュー糖 ・・・・・・ 15g	

1. 生クリームAを沸騰させ、ダージリンを入れて15分蒸らす。蒸らしたあと、65gになるよう計量する。足りない分は牛乳(分量外)で調整する。

2. 卵黄とグラニュー糖をすり混ぜてから①に加え、80℃まで温める。

3. ②に火が入り、とろみがついたらふやかしたゼラチンを加え、マスカルポーネと合わせて20℃前後まで冷やす。

4. 泡立てた生クリームBを③に合わせてφ40mmのドーム型に入れて冷凍庫で固める。

c. クレーム・ルビー　　　　[φ80mmドーム型 10個分]

生クリーム(35%)A　100g	生クリーム(35%)B　185g
ラズベリーピューレ ‥ 75g	クレーム・ド・フランボワーズ
板ゼラチン ・・・・・・・2.5g	・・・・・・・・・・・・・・・・ 7.5g
ルビーチョコレート　250g	キルシュ ・・・・・・・・ 2.5g

1. 生クリームAとピューレを鍋に入れ、60℃まで温める。

2. ゼラチンを加えた①を、湯煎で溶かしておいたルビーチョコレートに入れて乳化させる。

3. ②を30℃位まで冷やしてから、ゆるめに泡立てた生クリームB、リキュール類を合わせる。

d. グラサージュ・ブラン　　　　[10個分]

牛乳・・・・・・・・・・・ 60g	ボーメ30°のシロップ　85g
生クリーム(35%) ‥ 60g	ホワイトチョコレート　150g
水あめ・・・・・・・・・ 50g	板ゼラチン ・・・・・・・ 2枚

1. 牛乳、生クリーム、水あめ、シロップを鍋で温める。

2. 60℃位まで温めた①に、ふやかしたゼラチンを入れる。

3. ②を湯煎で溶かしておいたホワイトチョコレートに入れ、乳化させる。

Montage　　　　《デコール》プラチコ(赤、黄、オレンジ、緑)※マーブル状に合わせて紅葉の形にしておく、銀箔 各適量

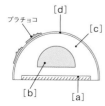

1. [c]クレーム・ルビーをφ80mmのドーム型に流し、凍らせた[b]ムース・テ・ノアを型の真ん中まで押し込む。

2. ①の上からさらに[c]クレーム・ルビーを流し入れ、[a]ダコワーズ・アマンドをのせてふたをし、冷凍庫で冷やす。

3. よく凍った②を型から外し、30℃位に調節した[d]グラサージュ・ブランをかける。

4. プラチコで作った紅葉を飾り、銀箔を全体に散らす。

Cross Talk それぞれのオリジンコウベ、そして未来

先達から受け継いだ
神戸伝統の文化を世界へ
林周平 [パティスリー モン・プリュ]

オリジンコウベに集うメンバーは僕にとって愉快な仲間であり、刺激しあえる間柄。大西シェフから"神戸でもパティシエのを協会つくってみるべきでは？"と相談を受けたときから、年齢的にも一番上ということもあって取りまとめのような役割りを担って来たが、あくまでも8人の関係性はイーブンなもの。ただ、何かをチームとして決断しなければいけないときは、自分がその責任をとる必要があるというふうに自覚している。年齢も違えば、店のあるエリアやビジネスの規模、商品構成などは各自それぞれ個性的だし、ひと言でパティスリーと言ってもいろいろな考え方や視点があってしかるべき。その8つの価値観と個性を共有しながら、神戸という街から情報発信していくことに意味があると思う。

個人的な話をするなら、僕自身は四国の出身で、やはり「神戸」という街の魅力に若い頃から憧れを抱いてパティシエになったという思い出があるから、先輩方が築き上げてきたこの街の洋菓子文化を継承していきたいという想いもある。

今後は、この8人で全国に向けて[神戸ブランド]のお菓子の魅力を発信していくことが第一の目標。今回、このようなコレクション本の出版にチャレンジしたこともそうだし、イベントや勉強会の開催なども積極的に行っていきたい。そして第二の目標は、この8人で海外にも出て行きたいということ。日本の神戸というロケーションとそこに育まれた洋菓子の文化を、高いレベルでリアルに体現している8人だからこそできることだと思う。これからもチームとして進化を遂げつつ、決して焦らず、ゆっくりと[神戸ブランド]を大切に育てていきたい。

オリジンコウベのプライドと
緊張感を胸に
田中哲人 [パティスリー アキト]

僕個人も「ミルクジャム」という商品を通じて、全国に向けて[神戸ブランド]を常に発信し続けているから、オリジンコウベはチームメイトと参加する"団体戦"のような感覚でとらえている。チームの中での自分は"潤滑油的な存在"であると自覚していて、年齢差やいろいろな考え方、価値観の違いがあるメンバーの中で、それぞれの意見を受け止め、調整することも多いと思う。ただ、発足から5年もたつと、みんなの気負いや緊張感も和らぎ、より自然体で打ち解けたいい空気感が出て来たと思う。それぞれがオーナーパティシエということもあり、みんなのビジネスが活発になればなるほど、実際に

8人そろって活動するのがなかなか難しいときもある。今後は"8人全員"という枠に捉われず、できるメンバーだけのユニット枠で対応する臨機応変さも必要になってきたと思う。ただし、イベントでも商品企画でも、オリジンコウベという冠がある限り、常にその責任とプレッシャーを感じながら取り組みたいと思う。

チームの目標のひとつに[神戸みやげ]の開発というものがある。例えば、フランスのそれぞれの地方に名物菓子があるように、神戸としての代表的なお菓子をオリジンコウベで開発していきたい。現在、1作目として開発した焼き菓子「オリジンコウベ」は、メンバーの店はもちろん、空港などでも販売されるようになり、今後も全国に広げて行きたいと思う。また、2019年には台湾遠征も行い、いろいろな経験を積むことができた。今後も各国への遠征を視野に入れ、神戸スイーツの魅力をさらに世界に広めたいと考えている。

「Fou de Pâtisserie」に
8人のコレクションを！
大西達也 [コンパルティール・ヴァロール]

自分がフランスでコンクールに出場して感じたのは、パティスリーの個性や、パティシエの感性のレベルの高さといったものもだが、国としてお菓子の文化を守り、継承しようという考え方やムーブメントがあるということが羨ましかった。そのとき、現地でアテンドしてくれたアントニさんと"お菓子を通じた楽しい活動を神戸でもできたら"…と話していたところから、すべてが始まった。スタートして6年になるオリジンコウベは、今となっては自分がパティシエとして自然体でいられる場所になった。お互いの仕事をちょっと離れたところから俯瞰して見ることができるので、それぞれの考え方やアイデアに共感したり、またお互いにアドバイスしあったりすることができるのは、信頼の

おけるこの関係性があるからこそだと思う。

また、うちの本店「MOTOMACHI CAKE」で働く若いスタッフたちにとっても、オリジンコウベは励みになる存在だと思う。年2回のコレクション製作では、普段の仕事では作ることの少ないタイプのガトーが多いため、違う趣向のガトーの製作に挑戦することができるのは、とてもいい経験になると思う。今、自分が目標と考えているのは、パリにあるセレクトショップ「Fou de Pâtisserie」に、オリジンコウベ8人のコレクションをずらっと並べるということ。ブランドの垣根を越えて、有名パティシエのスイーツが一堂に並ぶ店に日本人とし

て、神戸発のお菓子を届けたい。そこに並べてもらえるようになるため、神戸というプライドを持って、これからもより質の高い作品を作っていくことが大切だと思う。

『オリジン学校』で
後輩を厳しく育て上げたい
多田征二 [パティスリー エトネ]

オリジンコウベの中で僕は年齢的にも真ん中なので"上下の意見の取りまとめ役"でありたいと考えている。我々8人はそれぞれがオーナーパティシエで、ホテルや企業としてのパティスリー、個人店、フランスでの修業と、これまでいろいろな経験を積んできた。店の立地や個性も全く異なるので、普段はお菓子作りや経営に個々に取り組んでいるのだが、オリジンコウベでいろいろな情報を共有し、またときにはサポートし合いながらお互いに成長していけるというのは、すばらしい関係だと思う。メンバーたちと一緒に神戸という街を、そして神戸発のお菓子を、本気で盛り上げていきたい。

将来的には、メンバーが講師を務める『オリジンコウベ製菓学校』を作るのが自分の夢だ。スタージュも含めた実践主義で、卒業したら即戦力になる人間をゼロから厳しく育てあげるスタイルが理想的。人が口に入れるものを作る仕事なのだから、厳しくて当たり前。それが、神戸だけでなく、製菓業界全体がかかえる人材の問題を解決し、未来へと繋がっていくことになると思う。

自分の店のお客様も
コレクションを楽しみに
奥田義勝 [パティスリー アグリコール]

オリジンコウベに参加したのは、人と人との繋がりから。修業時代からずっと見守り、育てていただいた尊敬すべき先輩方に誘っていただいて、心から嬉しく感じている。そんなシェフ方に認められ、彼らと横並びでメンバーとして活動させてもらえていることは光栄でもあり、またプレッシャーでもある。だからこそ、メンバーとともに神戸を一緒に盛り上げていくことが、自分が神戸でお菓子を作る意味でありミッションなのだと感じている。

メンバー同士で切磋琢磨し、さまざまな情報や新しいアイデアに刺激を受けることは、自分の中に新たな創作が生まれる源泉となっている。そして、そこから誕生する春夏・秋冬のコレクションは、自分の店のお客様にとっても

新鮮な驚きと味覚を与える作品であってほしいと願っている。個人的には、今後も、メンバーでもっと深いスイーツ談義をしたり、新作を作ってみたいと願っている。

おもしろいのはコレクションに秘められた作り手の人柄

村田博[マビッシュ]

自分にとってオリジンコウベは「モンプリュ」時代、師匠である林シェフの元で立ち上げ時からお手伝いしてきただけに思い入れのあるチームだ。独立開業を機に2017年6月に新メンバーとして加入したが、発足当初からすべての会議に参加してきただけに、新人という緊張感はなく、むしろようやく皆さんと同じスタートラインに立てた喜びの方が大きかった。会議などでは、いろいろなキャリアのパティシエの方々が参加していて、自分はまだオーナーシェフとしては新米だが、できるだけ自分の感じたままにストレートな意見を言うようにしている。場を和ませる盛り上げ役としての自覚も持ちながら…（笑）。

オリジンコウベは、長い付き合いの楽しい仲間たち。年に2回のコレクション作品は単なるプティガトーではなく、そこに作り手のキャラクターが投影されているので、一人一人の魅力や菓子に対する考え方を再認識することができて興味深い。

今後はコレクションはもちろん、イベントなどの活動を通して、メンバーの人となりや空気感を、お菓子を通して伝えていきたい。神戸を盛り上げるためにワンチームとなって頑張りたい。

生産者ともども Made in KOBE の価値観を広めて

平井茂雄[ラヴニュー]

以前は東京のホテルで仕事をしていたので、食材は太田市場から専門の業者を通じて取り寄せていた。太田市場は日本随一の規模を誇る市場だけに、日本全国から、また世界中から届く圧倒的な品揃えを誇っていて、手に入らないものはなかった。しかし、神戸で自分の店をオープンしてからは、その食材環境の違いに最初は少し戸惑った。ところが視点を変えてみると、神戸には中心部から車でほんの30分ほどのロケーションに西区、北区の農業地帯が広がっていて、すばらしい生産者さん方が上質の果実や卵、ミルクなどを生産している。産地からフレッシュな食材を簡単に手に入れることのできるこの環境は、逆に東京にはないものだ。こうした食材も含めて、生産者さんとも一帯となって神戸スイーツをPRしていくことが大切だと考えている。オリジンコウベというチームに参加していることで、他のメンバーと協力しあいながら、そうした食材や生産者さんのローカルな情報を共有できることは、お菓子作りの上で大きなメリットだと思っている。また、8人が一緒に活動することは、それぞれの店の顧客層を広げることにも大変有効だ。結成当初の「神戸から世界へ、神戸スイーツを発信する！」という夢を実現させるべく、さらに発信力をつけて認知度を高め、若手の力もプラスすることで成長、進化していくことが必要だと考えている。

自分にない感性を引き出す絶好の機会

上田真嗣[ラトリエ・ドゥ・マッサ]

僕は神戸生まれ・神戸育ちだが、パティシエとしては東京でフランス伝統菓子を学び、渡仏して勉強を重ねた。そのすべてがフランス人オーナーの店だったこともあり、神戸に戻って来たときに外側から見た「スイーツの街・神戸」とのギャップを痛感。

フランス菓子をいかに地域に広めていくかを悩んだ末に、高級なスイーツとしてではなく、フランス人が日常に食べている身近なお菓子を作ろうと思うようになった。そんなとき出会ったのがオリジンコウベだった。

これまで歩んできた道が全く異なる8人のパティシエが、1つのチームとして集結しているオリジンコウベ。最年少の僕にとってここは、自分では作ることのできない人と人、人とお菓子の繋がりが生まれる場であり、自分にとって最高の勉強の場だと思っている。毎回、テーマが変わるコレクションは、普段の自分にはない感性でものを作る絶好の機会を与えてくれていて、いつもワクワクしながら製作に取り組んでいる。お菓子に対する考え方や技術など、先輩方から吸収できることはすべて吸収し、日々自分も成長していきたいと思う。

今後は日本各地でオリジンコウベ講習会を開催し、メンバーの素晴らしさとともに、神戸スイーツの魅力を普及させていきたい。

冷静に熱く、神戸パティシエサポーター
筒井アントニ [日仏商事株式会社]

パリで大西シェフと議論し、盛り上がったオリジンコウベ構想が、実際に形になり、しかも5年も継続していることは本当にうれしく思う。僕の立場としては、日常はパティシエの方々との食材卸のビジネスで繋がっている関係だが、ここではビジネス目線は外して、あくまでも「神戸パティシエ・サポーター」として個人的に関わっている。シェフたちの活動がスムーズに行くように情報を提供したり、また「お菓子の街・神戸」ブランドが全国へ、世界へと広がっていくよう、これからもシェフ方とともに歩んでいきたいと思う。

神戸生まれ、神戸育ち。神戸と海辺の暮らしをこよなく愛する。製菓・製パン材料を中心としたフランス産食材を扱う神戸の食品貿易商社・日仏商事株式会社に勤める。かつて出向でパリに7年間駐在した経験を持つ。

神戸スイーツで世界中を魅了したい！
松本由紀子 [スイーツコーディネーター]

発足前年の2014年、林シェフから広報担当として関わってほしいとのお誘いが。もともとシェフ方が作るスイーツの大ファンだったこともあり、二つ返事でお受けした。年齢も、キャリアも、性格もバラバラなシェフ方の意見を林シェフがまとめつつ、それを私が形にしてメディアや企業向けに発信したり、イベントのコーディネートを行ったり。"一国一城の主たち"の集団をまとめるには、事前の根回しが必要だったりと一筋縄ではいかないことの連続だが、プロのパティシエの方々の素顔に触れられる貴重な機会は私自身とても勉強になり、さらにさまざまなご縁へと繋がっている。今後はこのすばらしいメンバーたちとともに、全国へ、そして海外へ。ぜひ神戸スイーツの魅力を、世界へ広げていきたいと考えている。

神戸育ち。TV、ラジオ、雑誌、WEBサイトと多様なメディアでライター＆コメンテーターとしてスイーツ情報を発信。スイーツ関連メーカーのコンサルティング、商品開発、マーケティングに携わる。著書に『一度は食べたい！隠れ愛されスイーツ 珠玉の裏スペシャリテ100』（主婦の友インフォス）がある。

2019年に台北市にて「オリジンコウベ」期間限定ショップを開催。

フルーツ農園への視察＆見学ツアーin盛岡

「ル・コルドン・ブルー神戸校」でゲスト講師を務める。熱心に聞き入るのは製菓研修で訪れた中国留学生。

オリジンコウベ共同開発による、神戸みやげ第一弾。神戸にゆかりの深いコーヒー、チョコレート、ソーテルヌレザン、アーモンドなどをちりばめたカフェブラウニーの上に、ダックワーズをのせて焼き上げた。各店舗とORIGINE KOBEオンラインショップでも購入可能。originekobe.stores.jp

no.1

no.2

no.3

1. 田中哲人
いちごとミルクジャム

神戸のシンボル「ポートタワー」を
思わせるフォルムが印象的。淡路
島産の牛乳をじっくり煮詰めた
AKITOの代名詞・ミルクジャムと、
神戸いちごと砂糖のみで作った真
っ赤なジャムを重ね、2層仕立てに。

patisserie AKITO　　P.026-043

神戸市中央区元町通3丁目17-6
078-332-3620
営業時間/10:30〜18:30（カフェ L.O.18:00）
定休日/毎週火曜（祝日の場合は翌日水曜）
アクセス/JR・阪神元町駅から徒歩5分
席数/11席
📷 @kobe_akito_com

2. 林周平
Puits d' Amour
ピュイ・ダムール

サクサクのブリゼ生地の上にシュー生地を
重ね、軽やかなシブーストを絞り、表面はキ
ャラメリゼして香ばしく仕上げた「ピュイ・ダ
ムール」はフランスのポピュラーな伝統菓子。
ピンクグレープフルーツを潜ませて、爽やか
な後味を効かせて林流に仕上げた。

no.4

COVER PHOTO
Gâteau Collection

With a view of the sea in Kobe
きらめく神戸の海の風景とともに

3. 上田真嗣
サントノーレ

お菓子の守護聖人"聖オノレ"の名が由来と言われる伝統菓子「サントノーレ」は、「A.ルコント」や「ラデュレ」などの修行時代に作っていた思い入れの強いガトーで、お店のロゴに"隠れサントノーレ"を潜ませているほど。ブルーベリーを使って上田シェフらしく、ロマンティックに仕上げている。

L'atelier de Massa　　　　　　　P.142-159
神戸市東灘区岡本4-4-7
078-413-5567
営業時間/10:00〜19:00(L.O.18:30)
定休日/火曜休、不定休
アクセス/JR摂津本山駅から徒歩10分、阪急岡本駅から徒歩11分　駐車場/提携パーキング有　席数/10席
📷 @latelier_de_massa

4. 奥田義勝
サンマルク

「サンマルク」を作る瞬間、脈々と続くフランス菓子の「伝統を"受け継ぐ"誇りを強く感じられる」という、奥田シェフ。そんな先人たちへのリスペクトを込め、表紙では「キャラメライザー」を手に登場。

pâtisserie Agricole　　　　　　P.124-141
〈本店〉
兵庫県神戸市垂水区霞ヶ丘5丁目1-26
078-754-9055
営業時間/10:00〜19:00
定休日/火曜休、不定休あり
アクセス/JR・山陽垂水駅から徒歩15分、垂水駅発バス1系統「霞ヶ丘5丁目」下車すぐ、山陽霞ヶ丘駅から10分
駐車場/1台

〈垂水駅前店〉
神戸市垂水区神田町2-40-102
078-709-3760
営業時間/10:30〜19:30
定休日/なし(臨時休業あり)
アクセス/JR・山陽垂水駅から徒歩1分　席数/5席
📷 @patisserie_agricole

pâtisserie mont plus　　　P.008-025
神戸市中央区海岸通3-1-17
078-321-1048
営業時間/10:00〜18:00(L.O.17:00)
定休日/火曜及び月2回水曜(不定休)
※営業日カレンダーをご確認ください。
アクセス/JR・阪神元町駅から徒歩5分
席数/32席
📷 @patisserie_montplus

165

5. 村田博
ムラングシャンティ

ゆっくりと気泡を抱き込ませてから、しっかりと焼きこんだメレンゲのキメ細かい舌触りが身上。オープン当初から大切に作り続けているひと品で、定番商品として人気を集めている。

ma biche　　　　P.106-123

芦屋市大原町20-24 テラ芦屋1F
0797-61-5670
営業時間/10:00〜19:00
定休日/火・水曜休、不定休あり
アクセス/JR芦屋駅から徒歩5分、
阪急芦屋川駅から徒歩10分
 @mabiche.ashiya

6. 平井茂雄
モード

ワールドチョコレートマスターズ2009年優勝時のガトーを再現した平井氏の代表作。3種のチョコレート（ミルク・ホワイト・ジャンドゥーヤ）とアプリコットのソテー、ヘーゼルナッツのブラウニーとヌガーで食感も楽しめる、バランスの取れたガトー。

The view from the mountains of Kobe

六甲の山から望む、神戸の街並とともに

no.8

7. 大西達也
アールグレイショコラ

口にした瞬間にふわりと広がる、アールグレイの香りが華やかな「アールグレイショコラ」。フランボワーズのやさしい酸味の爽やかな余韻が印象的だ。修業時代に初めて自身で考え、お客様から「おいしい」という言葉をもらった思い出深いガトー。

COMPARTIR VALOR　　　　　P.044-065

神戸市中央区栄町通4-4-8
078-599-7521
営業時間/10:00〜19:00
定休日/水曜
アクセス/地下鉄みなと元町駅から徒歩すぐ
席数/店内28席(テラスあり)
🔘 @compartir_valor

8. 多田征二
シュー ア ラ クレーム

"ザクッ"と香ばしい食感のシュー生地に、口溶けのよいカスタードクリームがたっぷり。カスタードは3種をブレンドした生クリームを合わせた「コクがありつつサッパリとした後味」という絶妙さが評判を集める。地元・芦屋での信頼はもちろん、遠方から訪れるファンからの支持も厚い。

PÂTISSERIE étonné　　　　　P.066-083

芦屋市大桝町5-21
0797-62-6316
営業時間/10:00〜18:00(営業時間短縮中)
定休日/火曜・水曜
アクセス/阪神芦屋駅から徒歩5分、JR芦屋駅から徒歩9分
席数/2席
🔘 @etonne71

L'AVENUE　　　　　P.084-105

神戸市中央区山本通3-7-3 ユートピア・トーア1F
078-252-0766
営業時間/10:30〜
※閉店時間は季節、曜日により変動。HPにて確認を。
定休日/水曜(火曜不定休)
※HPのカレンダーでご確認ください。
アクセス/JR・阪神元町駅から徒歩12分、
各線三宮駅から徒歩16分
🔘 @lavenue_hirai_

ORIGINE KOBE

林周平

田中哲人

大西達也

多田征二

平井茂雄

村田博

奥田義勝

上田真嗣

松本由紀子（Text P.8〜159）
筒井アントニ（日仏商事株式会社）

Photograph
香西ジュン
石丸直人（表紙・P.3・P.163）
浮田輝雄（P.160〜162）

Art direction, Design
北野ちあき

Editorial Direction
Text, Styling
中山阿津子
小森文

Illustration
もろずみ としよ

Retoucher
村上大師（表紙・P.163）

撮影協力
北野天満神社（P.166〜167）

神戸 8人のパティシエが作る
スペシャリテ64

発行日 2020年11月12日 初版発行

編　者　ORIGINE KOBE（オリジンコウベ）
発行者　早嶋茂
制作者　永瀬正人
発行所　株式会社 旭屋出版
〒160-0005 東京都新宿区愛住町23-2
ベルックス新宿ビルⅡ6階
TEL 03-5369-6423（販売部代表）
TEL 03-5369-6424（編集部代表）
FAX 03-5369-6431（販売部）
FAX 03-5369-6430（編集部）
http://www.asahiya-jp.com
郵便振替 00150-1-19572

印刷・製本　株式会社 シナノ

ISBN978-4-7511-1427-8 C2077
定価はカバーに表示してあります。